Comprendre Nietzsche

« Comprendre/essai graphique »
www.maxmilo.com
ISBN : 978-2-31500-377-8

Romain Sarnel – Naema Bellart

Comprendre Nietzsche

COMPRENDRE/ESSAI GRAPHIQUE

À René Schérer

« L'écume d'astre coule tout allumée. »

RENÉ CHAR,

Le Marteau sans maître.

INTRODUCTION
La méthode de la mosaïque ou l'œuvre d'art permanente

Comprendre Nietzsche l'Incompris, ou comment dissiper les nombreux contresens qui émaillent la réception de ses ouvrages. Les incompréhensions et les mésinterprétations se sont accumulées au fil du temps sur les ouvrages de Nietzsche, au point que les pensées qu'ils contiennent sont devenues illisibles.

Il y a au moins cinq Nietzsche, avec au moins cinq périodes d'écriture différentes, comme il y a plusieurs Picasso avec plusieurs périodes de peinture différentes.

Premier déclic : la découverte d'Empédocle. Premier parcours : une vision esthétique du monde sous l'égide d'Eschyle. Première question : la question de l'élévation. Il importe de voir l'évolution de la pensée de Nietzsche comme une suite d'étapes qui sont autant de pièces d'une mosaïque. Quand toutes les pièces s'imbriquent les unes avec les autres les figures de la fresque apparaissent et tout devient clair. La grande trouvaille de Nietzsche en matière d'écriture philosophique est la méthode de la mosaïque. Comme Nietzsche écrit par fragments il inaugure une forme de mosaïque infinie, c'est-à-dire qui peut se poursuivre indéfiniment par ajouts d'éléments nouveaux, au gré de ses découvertes.

Il nous faudra descendre dans le creuset de Nietzsche, dans la matrice d'invention de sa philosophie, pour en remonter des pépites d'or, des diamants taillés. Tous les ouvrages de Nietzsche ne sont-ils pas les vestiges d'une pensée en devenir, les réceptacles d'une série d'intuitions fulgurantes, les creusets d'une philosophie en gestation ? Ce sont ces creusets, ces réceptacles, ces vestiges, que nous aurons à découvrir.

La mort de son père et de son petit frère laissent le jeune Friedrich Nietzsche dans un monde où le Dieu ne semble pas clément. Quelle justification donner à son existence ? Ce sera une justification esthétique, seule capable d'embellir le monde et de combler le vide de sens. En 1861, à l'âge de 17 ans, Nietzsche renonce aux études de théologie auxquelles sa famille le destinait et se consacre à la composition musicale et à l'écriture de poèmes et de pièces de théâtre : « J'écrivais des poèmes et des tragédies » et « Je me donnais tout le mal possible pour composer jusqu'au bout des partitions d'orchestre », note-t-il dans *Ma vie*.

La dimension esthétique est partout présente chez Nietzsche. Dans *La Naissance du théâtre tragique grec*, il en fait la justification de toute réalité : « Ce n'est qu'en tant que *phénomène esthétique* que l'existence et le monde, éternellement, *se justifient* » (§ 5). On en trouve aussi des traces dans les notes préparatoires au *Livre du philosophe*, d'abord comme critère de jugement : « N'a de valeur pour nous que l'échelle esthétique » (§ 41), et ensuite comme critère de décision : « Ce qui décide, ce n'est pas la *pulsion de connaissance* pure, mais la pulsion *esthétique* » (§ 61). L'esthétique devient l'alpha et l'oméga de la relation au monde.

En 1862, Nietzsche rompt définitivement avec la théologie pour embrasser la philologie, l'étude du langage de la culture grecque. Élève à l'école de Pforta, il aborde le théâtre tragique athénien : « On nous imposait dans cette institution quelques exercices philologiques spécifiques, par exemple le commentaire critique des chœurs dans les tragédies de Sophocle et d'Eschyle. » Eschyle et Sophocle sont les fers de lance de la pensée du tragique dans l'Antiquité grecque. Nietzsche y voit des phares qui brillent dans la nuit. Très tôt, Nietzsche s'est nourri à la source des poètes, que ce soit Schiller ou Hölderlin, son préféré à l'époque. Pourquoi Hölderlin était-il son poète préféré ? Parce qu'il incarnait l'élévation de l'humain au statut suprême du divin. Le 19 octobre 1861, Nietzsche rédige une lettre étonnante à son ami d'alors pour lui recommander de lire son « poète favori ». Qu'affirme-t-il dans cette lettre ? Deux choses. D'abord, la musique : « Tu ne connais pas non plus *Hypérion* qui, par le mouvement harmonieux de sa prose, par la sublime beauté des figures qui y paraissent, a sur moi le même effet que les flots d'une mer agitée. En vérité, cette prose est

musique. » Et ensuite, le sens du tragique : « Dans sa tragédie inachevée *Empédocle,* le poète déploie sous nos yeux sa propre nature. La mort d'Empédocle est provoquée par une fierté digne d'un dieu... L'ensemble de l'œuvre m'a toujours bouleversé à la lecture ; il y a dans cet *Empédocle* une élévation divine. »

Le musical et le théâtral s'associent pour rendre compte de la dimension tragique de l'existence humaine. Il en va de même avec Schiller, quand il écrit dans son *Journal de Pforta,* en date du 24 août 1859 : « J'ai relu hier *Les Brigands* ; à chaque fois j'éprouve un sentiment singulier. Les caractères me paraissent exagérément surhumains ; on croit assister à un combat de Titans contre la religion et la vertu ; mais c'est à la Toute-Puissance céleste que revient la victoire, infiniment tragique. » Le tragique, c'est la « mort d'un héros », tel le « soleil qui disparaît à l'horizon » (acte III, scène II). Le tragique, c'est le combat de l'humain contre son destin. Où est-ce que réside le tragique chez Nietzsche ? Dans l'élévation, en tension entre l'humain et le divin. Cette élévation, qui se présente comme une tentative pour hisser l'homme au stade des dieux, est tragique, au sens théâtral du terme, car elle se termine par la mort : la mort d'Empédocle dans la pièce de Hölderlin, la mort du héros dans la pièce *Les Brigands* de Schiller, et la mort de Prométhée, ou du moins son ensevelissement, dans la pièce d'Eschyle.

Sa connaissance des pièces de théâtre d'Eschyle, notamment le *Prométhée enchaîné*, conduit Nietzsche à écrire lui-même un *Prométhée*, qu'il qualifie de « drame en un acte ». Il y exprime le refus de Prométhée de se voir asservir sa « liberté », sa « joie » et sa « fierté ». Pour avoir dérobé le feu aux dieux et l'avoir donné aux hommes, Prométhée est le symbole de la potentialité créatrice et de la remise en question de la toute-puissance divine. Ce que brave l'être humain dans la tragédie théâtrale, c'est le « courroux » du « ciel », comme l'énonce Hölderlin, dans la bouche de Manès, à la fin de *La Mort d'Empédocle*. Finalement, le tragique c'est la lutte contre la peur. Le théâtre tragique apprend à ne plus avoir peur des dieux. Et les études de philologie classique grecque n'ont pas rapproché Nietzsche de la théologie, au grand dam de sa famille, mais l'en ont plutôt éloigné. Comment

Nietzsche définit-il le vecteur du tragique ? Ainsi : « Le philosophe de la connaissance du tragique », écrit-il, « travaille à l'édification d'une *vie* nouvelle : il restitue ses droits à l'art. » Et aussi : « Pour le philosophe du tragique » ce qui compte c'est « la connaissance au service de la vie la meilleure » (*L. ph.*, § 37).

Il importe de dédramatiser Nietzsche en prenant conscience que sa notion du tragique est plus une confrontation avec le réel dans son entier et une élévation de l'esprit qu'un malheur ou une catastrophe. Ce que recherche Nietzsche par-dessus tout c'est ce qui élève. La question de l'élévation est fondamentale dans la perception que Nietzsche a des phénomènes culturels. Dans une note de travail de l'automne 1870, il s'en explique à propos du théâtre tragique grec : « En réalité, le *théâtre tragique* hellénique n'est que le signe annonciateur d'une civilisation *plus élevée* » (*Fgt* n° 5, § 94). Nietzsche cherche à ce que l'esprit soit le plus élevé possible.

À l'automne 1870, presque deux ans avant la publication de *La Naissance du théâtre tragique grec*, Nietzsche a le projet d'une pièce de théâtre en trois

actes sur Empédocle. C'est dans cette pièce, laissée à l'état d'ébauche, qu'il décrit Empédocle renversant la statue de Pan et qu'il reprend la formule de Plutarque, « le grand Pan est mort », transformée en « Dieu est mort » treize ans plus tard dans le poème *Ainsi parla Zoroastre*, sous l'impulsion de Heine qui déclare qu'« un Dieu se meurt », à propos du Dieu chrétien, dans son *Histoire de la religion et de la philosophie en Allemagne*. De quoi Empédocle est-il le symbole ? De l'opposition de l'amour et de la haine et de son dépassement. On oublie trop souvent que la grande notion d'Empédocle est le « mixte » (*miksis*) et donc que pour lui les éléments n'ont de sens que par le mélange. Nietzsche établit une relation entre la philosophie présocratique et le théâtre tragique. Ainsi voit-il dans l'arrivée de Socrate la destruction du tragique. En détruisant la philosophie présocratique avec sa théorie de la « réminiscence » de modèles immuables, là où la philosophie présocratique est une philosophie du mouvement, du devenir et de la création, Socrate détruit le théâtre tragique qui se nourrit de celle-ci. Il y a une communauté de culture entre Empédocle et Eschyle, et c'est cela que Socrate vient détruire. La perspective d'élévation qu'Eschyle met en œuvre au niveau de la civilisation est torpillée par l'arrivée de Socrate.

Quel est le contenu de la réforme d'Empédocle ? La « transformation de la vie », précise Nietzsche. Et quel en est le moyen ? Un fait de société : « Un groupe de phénomènes porte tout cet esprit de réforme – le *développement du théâtre tragique.* » C'est l'émergence d'Eschyle avec Prométhée, et de Sophocle avec Antigone.

Comment le théâtre tragique peut-il transformer la vie ? C'est tout l'enjeu de l'esthétique de Nietzsche. Réponse : en élevant l'être humain. Pour résoudre la question de l'élévation Nietzsche utilise le principe d'immanence. S'il y a élévation, elle part du bas, elle part de l'être humain. Il n'y a pas de transcendance chez Nietzsche. C'est le désir qui définit l'être humain. Chez Héraclite il prend le nom de désir de croître (*physis)*, chez Spinoza il prend celui de désir de fusionner avec la nature (*conatus)*, chez Schopenhauer celui de désir vers la vie (*Wille zum Leben*), chez Nietzsche celui de désir vers la

potentialité (*Wille zur Macht*), et chez Bergson celui d'élan vital, mais à chaque fois il désigne le même principe d'immanence.

Le désir est le moteur de la réalité. La philosophie de la réminiscence d'un modèle pré-existant, que cherche à institutionnaliser Socrate, détruit la dimension tragique de l'existence. Qu'est-ce que le socratisme pour Nietzsche ? Un « *anéantissement* de l'art ». Et pourquoi ? Parce que « le socratisme méprise l'instinct et, partant, l'art », énonce-t-il dans sa conférence *Socrate et le théâtre tragique grec*. Dans cette conférence il ira jusqu'à parler des « profonds effets antiartistiques du socratisme ». En fait, Socrate rend l'art impossible, il le discrédite. Il y a des jours où l'on se demande si Nietzsche n'aurait pas mieux fait d'intituler son ouvrage *Naissance et Agonie du théâtre tragique grec,* car s'il décrit en effet la naissance de ce théâtre comme l'alliance d'Apollon et de Dionysos, il décrie surtout son agonie comme l'arrivée d'Euripide et de Socrate.

Nietzsche est un anti-Socrate.

PARTIE I
La figure de l'artiste

Changement de décor. Après Eschyle et Empédocle, voici Schiller et Schopenhauer.

Deuxième déclic : la découverte de Schopenhauer. Deuxième parcours : une vision artistique du monde sous l'égide de Schiller. Deuxième question : la question de la forme.

Quand à la fin de 1865, à l'âge de 21 ans, Nietzsche découvre chez un libraire *Le Monde comme volonté et comme représentation* de Schopenhauer, il a l'intuition que ce livre va bouleverser sa vie : « Je ne sais quel démon me souffla alors : "Emporte ce livre chez toi"... À la maison, je m'enfonçai avec mon butin dans le coin du sofa, me livrant à l'influence de cet énergique et sombre génie. »

(trad. Georges Walz). De quoi Schopenhauer est-il le symbole ? De l'opposition de la volonté et de la représentation et de son dépassement. Sans le dépassement de cette opposition entre énergie de désir et forme de représentation, la vie serait invivable et la connaissance inconnaissable.

Nietzsche se pense en artiste étant auteur de poèmes, de compositions musicales et de l'ébauche d'une pièce de théâtre, et il constate qu'il n'y a pas de place pour les artistes dans la philosophie classique qui domine vingt-trois siècles. En effet, de Platon à Hegel, les artistes ont été les laissés-pour-compte de la philosophie. Le portrait de l'artiste en jeune philosophe se fera en 1872 avec *Le Livre du philosophe*, qui restera sous forme de notes préparatoires au vu de l'ampleur de la tâche. Et cette tâche immense, qui est la refondation de la philosophie à partir de l'art, Nietzsche la distillera tout au long de son œuvre, sur plus de quinze ans.

Avec Schiller comme aiguillon et Schopenhauer en arrière-fond, Nietzsche propose la figure de l'artiste-philosophe pour dynamiser la civilisation.

Les moyens utilisés seront les métaboles que sont le sublime et la sincérité.

Nietzsche écrit en artiste. Il ne prévoit pas ce qui va surgir. Nietzsche n'écrit pas par « concepts », mais par métaboles (du mot grec *metabolê*, changement). Et qu'est-ce qu'un métabole ? Un changement dans la manière de percevoir, une transfiguration du regard.

C'est dans *Le Livre du philosophe*, écrit à l'automne-hiver 1872, que Nietzsche met en place son programme de recherche philosophique. Il y met en lumière cinq métaboles, deux hérités des poètes et des dramaturges : le tragique et le sublime, et trois personnels : la véracité, la fécondité et la fertilité, qui deviendront sous forme de vecteurs : le vérace, le fécond et le fertile. Le métabole qui peut-être coiffe tous les autres et qui les traverse, c'est celui de probité, qu'il a mis en œuvre au temps de ses études philologiques et qu'il nomme pour cela « probité philologique ».

C'est la problématique du sublime qui conduit Nietzsche à élaborer une métalogique, qui est exposée dans *La Naissance du théâtre tragique grec*.

Cette métalogique repose sur l'imbrication de l'apollonien et du dionysien donnant naissance à une œuvre d'art. La métalogique n'a de sens que par les innombrables métaboles qui animent l'esprit. Là où les concepts ferment et enferment, les métaboles ouvrent et trouvent. Ainsi, la métalogique correspond-elle à une logique des métaboles. C'est parce que Nietzsche définit « le concept » comme étant « le *résidu d'une métaphore* », dans *Vérité et Mensonge au sens extra-moral*, que nous nous permettons de parler de métabole, en lieu et place du concept.

Nietzsche cherche une métalogique pour comprendre le monde et les êtres, c'est-à-dire la culture (*Kultur*). Il se donne pour tâche cet axe dans *Le Livre du philosophe*: « Ma tâche: *appréhender la connexion interne et la nécessité de toute vraie culture* » (§ 33). Quelle est la connexion interne de la culture? Réponse: « le rapport de celle-ci au génie du peuple ». Et quelle est la nécessité de toute vraie culture? Nietzsche répond qu'elle se trouve dans l'art: « La conséquence de ce grand monde de l'art est une culture. » On perçoit ici l'importance que Nietzsche accorde à l'art. Le métabole, Nietzsche, dans son langage, le nomme « métonymie » (*Metonymie*) ce qui fait que ce que nous appelons la théorie des métaboles équivaut à une théorie des métonymies. Et que signifie pour Nietzsche la métonymie ? Un déplacement de sens. Que serait une logique des métonymies plutôt que de la fixité ? Il importe de savoir ce que peut apporter la métonymie à la logique et au langage. Assurément, un élargissement de la perception. Toute l'histoire de la philosophie est traversée par la question de la forme, mais c'est la réponse apportée à cette question qui départage les philosophes. Soit on conçoit que la forme est première par rapport aux flux de la réalité en imposant le formatage et on a une réponse platonicienne, soit on pense au contraire que les forces vives de la réalité sont premières par rapport à la forme en transformant la configuration et on a une réponse schopenhauérienne.

C'est cette dernière réponse que Nietzsche va adopter.

Pour faire comprendre la question de la forme, Nietzsche choisit dans le monde grec deux figures de l'art, Apollon et Dionysos, qui symbolisent pour le premier la « belle apparence » et pour le second la « puissance artiste de la nature tout entière ». À partir de là, il découvre sous ces deux figures deux pulsions, l'une tournée vers la forme et l'autre tournée vers l'énergie. De plus, il fait le constat qu'il n'y a pas d'art véritable sans la réunion de ces deux pulsions. De là découle une conséquence importante pour la question de la forme. De fait, il n'y a pas de forme pure, il n'y a pas de forme en soi. La forme est le résultat d'un processus énergétique. C'est l'énergie qui produit la forme, et non la forme qui produit l'énergie. Pour constituer une œuvre d'art, Apollon, qui est le symbole de la belle forme, a besoin de Dionysos, qui est le symbole de l'énergie dynamisante. Pour accéder au sublime, l'œuvre d'art doit incarner une forme dynamique.

Comment Nietzsche définit-il le vecteur du sublime ? Ainsi : « La *beauté* émerge à nouveau comme force dans la pulsion de la connaissance devenue difficile », avec pour l'art une nouvelle exigence, celle de « *pouvoir retenir le sublime* » (*L. ph.*, § 26). Nietzsche fait surgir la beauté au-delà d'elle-même, c'est-à-dire dans le sublime. Sur le plan artistique c'est le sublime qui est le catalyseur

du dépassement de l'opposition des contraires. Là où Schopenhauer incarne le philosophe du sublime, Schiller représente le poète du sublime. Si, au premier chapitre de *La Naissance du théâtre tragique grec*, Schopenhauer est convoqué, avec une citation du *Monde comme volonté et comme représentation*, pour définir Apollon au titre de l'image du *principium individuationis*, c'est-à-dire du « principe d'individuation », Schiller est invité, avec deux citations de son poème *À la joie*, pour définir Dionysos au titre de l'humain « devenu œuvre d'art ». À propos du poème de Schiller mis en musique par Beethoven, Nietzsche déclare : « Transformez en tableau l'*Hymne à la joie* de Beethoven », et d'en conclure : « C'est ainsi qu'il est possible d'approcher le dionysien » (§ 1). L'art, c'est l'art de la transformation.

Dans le texte intitulé *Du Sublime*, publié en 1801, Schiller énonce que « le sentiment du sublime est un sentiment mixte » (trad. Adolphe Régnier). De ce fait, il envisage « le sublime » comme alliance d'un *état pénible* et d'un *état joyeux*, et comme expression dynamique de cette alliance. Le sublime est une qualité inclusive et non pas exclusive comme le beau qui exclut le laid.

Le cœur de la problématique du sublime réside dans le conflit de deux pulsions complétées par une troisième pulsion. Concernant ses « travaux littéraires et musicaux » au printemps 1862, à l'âge de 17 ans révolus, Nietzsche note, parmi ses lectures, qu'il a « commencé à Pforta l'*Éducation esthétique* de Schiller ». Il s'agit des *Lettres sur l'éducation esthétique de l'homme*, dans lesquelles Schiller élabore sa théorie des trois pulsions, deux pulsions antagonistes que sont la « pulsion sensible » (*sinnliche Trieb*) et la « pulsion formelle » (*Formtrieb*), auxquelles s'ajoute une troisième pulsion qu'est la « pulsion de jeu » (*Spieltrieb*). Nietzsche s'en souviendra au moment de rédiger *La Naissance du théâtre tragique grec*. Comment Schiller caractérise-t-il la pulsion sensible ? Par le changement et le temps : « L'exigence de la pulsion sensible est qu'il y ait changement, que le temps ait un contenu » (*Lettre* 12, trad. Robert Leroux). Et comment caractérise-t-il la pulsion formelle ? Par l'absolu et la raison : « La seconde des pulsions, que l'on peut appeler la pulsion formelle, procède de l'existence absolue ou de la nature humaine raisonnable » (*Lettre* 12). Schiller aurait pu en rester là, mais pour éviter la tension qu'entraîne la présence de ces deux pulsions contraires en l'être humain, il découvre une troisième pulsion qu'il nomme pulsion de jeu. Comment la caractérise-t-il ? Par la conciliation : « La pulsion de jeu viserait », ainsi, « à concilier le devenir et l'être absolu, le changement et l'identité » (*Lettre* 14). C'est dans la pulsion de jeu que réside la « liberté » (*Lettre* 20). Ces trois pulsions, qui cohabitent au sein de l'être humain, permettent sa réalisation, une réalisation en forme de processus infini, puisque la troisième pulsion sert de dépassement aux deux premières.

Au début de *La Naissance du théâtre tragique grec*, Nietzsche affirme que « l'entier développement de l'art est lié à la dualité de l'*apollinien* et du *dionysien* (§ 1), mais il ajoute que c'est « la réconciliation » de ces deux pulsions qui produit la pulsion créatrice, source de « l'œuvre d'art ». Il est à noter que Nietzsche utilise la même notion de « pulsion »

(*Trieb*) que Schiller. La troisième pulsion chez Nietzsche, la pulsion de création, est symbolisée par la genèse de l'œuvre artistique.

D'un côté, Nietzsche s'en tient à l'opposition de Schopenhauer entre le « désir » et la « représentation », le désir étant la pulsion dionysienne et la représentation étant la pulsion apollinienne ; de l'autre, il dépasse déjà Schopenhauer par Schiller, puisqu'il tient compte de la « pulsion de jeu » comme surmontement de l'opposition entre pulsion sensible et pulsion formelle, et donc comme surmontement de l'opposition entre pulsion dionysienne et pulsion apollinienne.

Si l'on veut comprendre le rapport entre Apollon et Dionysos, il faut voir l'importance de l'inconscient, tel que Nietzsche l'envisage à l'intérieur de sa conférence *Socrate et le théâtre tragique grec* : « Dans les natures productives, c'est l'inconscient qui agit de manière créatrice et affirmative, alors que le conscient est critique et dissuasif. » Ainsi, arrive-t-on à percevoir que Dionysos est une allégorie de l'inconscient, et Apollon, une allégorie du conscient. Donc, si Dionysos est l'expression de l'inconscient ou du ça et si Apollon est l'expression du conscient ou du moi, l'œuvre d'art est l'expression du surconscient ou du surmoi, c'est-à-dire du métamoi culturel.

C'est dans les notes de travail du début de l'année 1871 que se trouve l'angle d'approche de Nietzsche relatif à la question de la forme : « La *fixité de la forme* est une conséquence apollinienne » (*Fgt* n° 7, § 97). Du coup, la transformabilité est une conséquence dionysienne. Dans *Socrate et le théâtre tragique grec*, Nietzsche donne une indication précieuse sur la caractéristique d'Apollon et sur son lien avec Socrate : « En Socrate s'est incarné *un* aspect de l'élément hellénique, la *clarté apollinienne*, sans aucun apport étranger. » Ainsi Apollon a-t-il une forme séparée, claire et fixe, là où Dionysos a une forme fusionnelle, sombre et mouvante. Dans la longue « Dédicace à Richard Wagner » en forme de préface, qu'il place en tête de *La Naissance du théâtre tragique grec,* Nietzsche affirme : « Je tiens l'art pour la tâche suprême et l'activité proprement métaphysique de cette vie. »

La figure de l'artiste est magnifiée, car l'activité artistique irradie toute l'existence, et

cette dynamisation se retrouve dans le sentiment du sublime. Même si Nietzsche parle encore de « métaphysique », à partir du moment où il évoque une « métaphysique d'artiste », il se tourne déjà vers une métalogique, c'est-à-dire vers une logique du dépassement fondée sur le sublime. Autant l'ouvrage intitulé *La Naissance du théâtre tragique grec*, paru en janvier 1872, est dédié à Richard Wagner et comporte une préface à Wagner, autant nous trouvons dans les notes préparatoires au *Livre du philosophe*, écrites pendant l'automne-hiver 1872, deux indications significatives : « Dédié à Arthur Schopenhauer l'immortel » et « Préface à Schopenhauer ». C'est dire si l'année 1872 est une mise en gloire de Schopenhauer et de Wagner, en attendant les troisième et quatrième *Considérations intemporelles* qui leur sont respectivement consacrées. Avec *Schopenhauer éducateur*, Nietzsche fait la théorie du philosophe, et avec *Richard Wagner à Bayreuth*, il fait la théorie de l'artiste. Schopenhauer lui permet de parler du « philosophe en devenir » (§ 7) et Wagner lui permet de parler de l'« artiste » à la « vie vraie et féconde » (§ 5). Ces deux notions d'artiste et de philosophe sont réunies en un métabole composé, celui d'« artiste-philosophe » que Nietzsche forge dans les esquisses préparatoires du *Livre du philosophe* (§ 44). Si Nietzsche qualifie sa série de textes théoriques de *Considérations intemporelles*, c'est qu'il se situe dans une métahistoire. À la différence de Hegel, il n'y a pas de finalité historique chez Nietzsche ; pas plus que de causalité historique, à la différence d'Aristote.

Si nous prenons en compte la figure de l'artiste telle que la met en place Nietzsche, une question émerge : qu'est-ce que serait une connaissance artiste ? Une connaissance qui prend en charge la dimension du jeu, c'est-à-dire la dimension du décalage, du détour et du déplacement.

Avec *La Naissance du théâtre tragique grec*, Nietzsche tourne la page de l'esthétique, l'esthétique comme observation des œuvres d'art : « Il est vrai que nos esthéticiens n'ont rien su nous dire de ce retour à la patrie originelle, de cette alliance fraternelle des deux divinités de l'art dans le théâtre tragique grec, ni non plus, par conséquent, de l'émotion à la fois apollinienne et dionysienne de l'auditeur » (§ 22).

À l'opposé des esthéticiens Nietzsche préconise des « spectateurs véritablement artistes » (§ 24). De fait, avec cet ouvrage, il inaugure une véritable philosophie de l'art, l'art comme production d'œuvres d'art. C'est ce passage de l'observation à la production, c'est-à-dire le passage de l'esthète à l'artiste proprement dit, qui caractérise la démarche de Nietzsche. C'est aussi ce basculement qui l'amènera dix ans plus tard à définir l'être humain comme créateur. Nietzsche a bien identifié les esthéticiens par la notion de « beau » qui appartient au jugement esthétique et qui au regard du changement d'époque n'est plus adéquate : « Quel spectacle que de voir aujourd'hui nos esthéticiens, armés du filet de leur “beauté” – mais dans une agitation, il est vrai, qui relève aussi peu de la beauté éternelle que du sublime –, se mettre en chasse après le génie de la musique qui batifole sous leur nez avec une impensable vitalité » (§ 19).

Nietzsche remplace la notion de « beau » par le symbole du « feu », qui est mis en avant dans la philosophie d'Héraclite et qui représente pour Nietzsche le sublime, c'est-à-dire le passage du matériel à l'aérien, la vivacité, la luminosité, le mouvement incessant, et plus encore le dépassement des contraires. En effet, ce qui intéresse Nietzsche, ce n'est pas le beau en soi, mais le dépassement de l'opposition entre le beau et le laid. À la fin de *La Naissance du théâtre tragique grec*, il insère « le laid et le disharmonique » (§ 24) face au beau et à l'harmonique, comme il avait inséré le dionysien face à l'apollinien, en vue de mieux surmonter la conflictualité entre les deux pôles contraires et donc d'accéder au sublime dans l'optique non seulement de réaliser une œuvre d'art, mais aussi de se réaliser comme œuvre d'art. Le sublime est le vecteur qui permet, à travers l'art, d'aller au-delà des principes du beau et du laid.

Pour résoudre la question de la forme, Nietzsche utilise le principe de complémentarité. Ainsi, passe-t-il du « combat de contraires » entre Apollon et Dionysos à un « accouplement » des deux pulsions qu'ils représentent, jusqu'à ce qu'elles « en viennent à engendrer l'œuvre d'art à la fois dionysienne et apollinienne, le théâtre tragique athénien » (§ 1). C'est l'alliance de l'énergie et de l'image qui engendre l'art. C'est parce qu'il y a image que l'on peut voir l'énergie, et c'est parce qu'il y a énergie que l'image est artistique. Pour le modèle de l'art, Nietzsche choisit la complémentarité de la pulsion formelle et de la pulsion sensible, c'est-à-dire la réconciliation du monde. En cela, la théorie des formes abstraites et immuables de Platon tombe à l'eau. La philosophie de la forme comme structure immobile, que formalise Platon, entrave la sublimité.

Que faut-il entendre par l'expression de Nietzsche, écrite au printemps 1871, précisément au moment de la rédaction de son ouvrage sur le théâtre tragique grec : « Ma philosophie, *platonisme inversé* » (*Fgt* n° 7, § 156) ? Là où Platon considère comme étant le réel les formes intelligibles décrétées immuables et renvoie la nature physique et sensible du monde à un irréel, Nietzsche à l'opposé considère comme irréelles ces formes en soi figées et voit le réel dans le mouvement des énergies et des transformations. Ce que Nietzsche découvre globalement chez les philosophes présocratiques, c'est une philosophie de l'énergie, alors que des philosophes comme Parménide, Socrate et Platon instaurent une philosophie de la forme pure. C'est la raison pour laquelle nous nommons par le terme de dynamologie la philosophie du devenir qui se développe à partir des philosophes présocratiques, terme qui est forgé avec le mot grec *dynamis* voulant dire énergie. La théorie de l'Être s'appelle ontologie et la théorie du Devenir se nomme dynamologie.

Pour comprendre Nietzsche, il faut comprendre qu'il est un dynamologue, c'est-à-dire un philosophe qui saisit la réalité dans son mouvement, et donc que son attaque contre la forme pure de l'Être immobile n'est pas une critique seulement négative, mais qu'il y a une véritable positivité dans sa démarche, celle de l'énergie, du mouvement, du devenir. Pour aborder la question de la forme, Nietzsche a été obligé d'aller chercher Dionysos comme un apport d'énergie, là où Apollon apparaît comme une pure forme. Que Nietzsche pense en mouvement a révolutionné l'approche philosophique dans son ensemble.

Pourquoi Nietzsche pense-t-il en mouvement? Parce qu'il pense en artiste.

Et que signifie penser en artiste? Penser avec des métaboles plutôt qu'avec des concepts, penser de façon métabolique, c'est-à-dire penser dans la perspective d'une transformation.

Le fait que Platon veuille chasser les artistes et les poètes hors de l'État-Cité est une conséquence de sa philosophie des formes immuables. Et le fait qu'il ait eu l'intention de brûler les œuvres de Démocrite est aussi une conséquence de son attitude philosophique immobiliste vis-à-vis de la physique atomiste, laquelle subira vingt-quatre siècles de retard avant de se réaliser avec Planck, Bohr et Heisenberg. La théorie classique de l'Être appelée ontologie brime le sublime.

À l'opposé, la dynamologie exprime l'être en mouvement, c'est-à-dire le devenir. Nietzsche est un anti-Platon.

PARTIE II
La figure du poète

Changement de tableau. Après Schiller et Schopenhauer, voici Voltaire et Spinoza.

Troisième déclic: la découverte de Spinoza. Troisième parcours: une vision poétique du monde sous l'égide de Voltaire. Troisième question: la question du perfectionnement.

Une rotation complète dans l'œuvre de Nietzsche se situe pendant le séjour à Sorrente, près de Naples, sous le patronnage de Malwida von Meysenbug qui y organisa une petite communauté de philosophes. De là sortira l'ouvrage *Humain plus qu'humain. Un livre pour esprits libres*, écrit au cours de l'automne 1876, dans la baie de Naples, face au Vésuve, qui devait lui rappeler l'Etna d'Empédocle.

Le caractère volcanique de Nietzsche s'y exprime par la découverte du principe de sublimation. Le magma en fusion, qui se transforme en émanations, donne une image explicite de la sublimation. C'est sous l'empreinte de la figure de Vulcain, qui célèbre le feu des forgerons avec un marteau comme outil, que s'élabore une théorie des métaphores.

Après une crise de conscience causée par son éloignement vis-à-vis de Wagner et de Schopenhauer, Nietzsche opère une mutation à partir de la lecture de l'œuvre de Voltaire, principalement ses contes et ses pièces dialoguées. Parmi les nombreux livres de Voltaire qui figurent dans la bibliothèque de Nietzsche, on trouve évidemment les contes tels que *Zadig*, *Candide* ou *La Princesse de Babylone*, également les dialogues tels que le *Dialogue entre un brahmane et un jésuite sur la nécessité des choses* ou les *Dialogues entre Lucrèce et Posidonius*, mais aussi les ouvrages de philosophie tels que le *Traité sur la tolérance*, *Le Philosophe ignorant* ou le *Dictionnaire philosophique*.

L'histoire de la pensée de Nietzsche c'est l'histoire de crises successives. De façon lucide, Nietzsche le

confie : « *Humain plus qu'humain* est le monument commémoratif d'une crise. » Et le sous-titre « Un livre pour esprits libres », de s'en expliquer dans *Voici l'homme* : « Il convient de prendre ici le mot "esprit libre" dans un sens et un seul : celui d'esprit *qui s'est libéré*, qui a repris possession de lui-même. » De quoi l'esprit de Nietzsche s'est-il libéré ? D'abord, de « lui-même » tel qu'il était à l'époque, dit-il, pour retrouver le temps de se nourrir et revenir à son moi profond. Ensuite, de ses attaches à Wagner et à Schopenhauer, pour se tourner vers un vagabondage culturel et une soif de connaissances. Et enfin, de son érudition écrasante, pour aller vers une légèreté poétique et une science joyeuse. Ce n'est pas un hasard si *Humain plus qu'humain* est dédié à Voltaire, car dans le chapitre « Liberté de penser » de son *Dictionnaire philosophique*, Voltaire avance : « Osez penser par vous-mêmes. » Cette recommandation est une déclaration de guerre de la part de Voltaire contre toutes les formes de fanatisme et de croyance qui écartent l'esprit loin de la recherche de la vérité.

La philosophie du surmontement que Nietzsche élabore à propos de la création, il l'applique également à la poésie. Dans la préface au tome II d'*Humain plus qu'humain*, ajoutée en 1886, Nietzsche donne les lois de la parole : « Il ne faut parler que si l'on ne peut se taire ; et ne parler que de ce que l'on a *surmonté* » (§ 1). Premier volet, la parole est pulsion, expression, émergence qui ne peut être tue, et second volet, priorité est donnée à ce qui a effectué un surmontement, un surpassement, une élévation sublimatoire. Les premières lignes du tome I d'*Humain plus qu'humain*, publié en 1878, posent la question fondatrice de la philosophie : « Comment quelque chose peut-il naître de son contraire, par exemple la raison de l'irrationnel, le sensible de l'inerte, la logique de l'illogisme, la contemplation désintéressée du vouloir avide, l'altruisme de l'égoïsme, la vérité des erreurs ? » (I, § 1).

Dès cette époque, Nietzsche a découvert le principe de sublimation, qui deviendra plus tard principe de métamorphose, avant d'aboutir au principe de réversibilité. Tout ce qui est humain plus qu'humain part du bas pour aller vers le haut. La poésie accompagne ce mouvement. Elle est une sorte d'infrapsychologie. Sous l'esprit, elle entr'aperçoit le corps ; en contrebas du sentiment, elle débusque l'affect ; et derrière la fausseté, elle découvre la véracité.

Si *Humain plus qu'humain* a été une période de crise, *La Science joyeuse* sera une période de renaissance. Et cette renaissance se traduit par la poésie. L'ouvrage *La Science joyeuse* (*Die fröhliche Wissenschaft*) commence par un « Prélude en rimes » et se termine par un recueil de poèmes intitulé *Chants du prince libre comme l'oiseau.*

Dans la préface, Nietzsche se dit « *né à nouveau* » et place la « gaieté » comme condition de possibilité de l'art. Qu'est-ce que la gaieté, sinon la sublimation de la tristesse et de la maladie ? Si cet art se traduit en poésie, c'est que l'essence de la poésie est de l'ordre de la sublimation.

Peut-être que le chapitre « Spinoza » dans *Le Philosophe ignorant* de Voltaire, qui affirme qu'« au fond, Spinoza ne reconnaît point de Dieu », a-t-il incité Nietzsche à se tourner vers Spinoza. Toujours est-il que le livre de Kuno Fischer sur la philosophie de Spinoza lui a fait faire une bouleversante découverte, qu'il relate dans une lettre à son ami Franz Overbeck, du 30 juillet 1881 : « Je suis tout surpris, tout à fait enchanté ! J'ai un *prédécesseur*, et quel prédécesseur ! Je ne connaissais presque pas Spinoza : que maintenant j'aspire à lui, voilà qui a dû être une "action instinctive". Ce n'est pas simplement que sa propre orientation générale soit pareille à la mienne – faire de la connaissance la plus puissante des passions –, je me retrouve en outre moi-même sur cinq points essentiels de sa doctrine ; ce penseur très solitaire et tout à fait hors norme m'est le plus proche précisément pour ces raisons : il nie la liberté de la volonté ; les buts ; la structure morale du monde ; le non-égoïsme ; le mal. »

Si le mal n'existe pas chez Spinoza, comme chez Nietzsche à l'époque de *La Science joyeuse*, c'est que le mal est sublimé dans le bien, comme la tristesse doit être sublimée dans la joie. La joie n'est pas une absence de tristesse, mais une absorption de la tristesse dans la joie. De quoi Spinoza est-il le symbole ? De l'opposition de la joie et de la tristesse et de son dépassement. Or ce dépassement prend pour nom le bonheur. En traduisant *beatitudo* par béatitude, au lieu de bonheur, on a fait de Spinoza un mystique, alors qu'en latin la *vita beata* signifie simplement la vie heureuse.

Le premier genre de connaissance comme imagination ou opinion correspond à la « pulsion sensible » en tant que sensibilité, le deuxième genre de connaissance comme raison correspond à la « pulsion formelle » en tant que rationalité, et le troisième genre de connaissance comme science intuitive correspond à la « pulsion de jeu » en tant que liberté. Avec Voltaire comme aiguillon et Spinoza en arrière-fond, Nietzsche propose la figure du poète-philosophe pour vivifier le langage. Les moyens utilisés seront les métaphores que sont la véracité et la probité.

La probité c'est le plus-que : ainsi, avons-nous le plus-que-dramatique, le tragique ; le plus-que-beau, le sublime ; le plus-que-vrai, le vérace ; le plus-que-bien, le mieux ou le fécond ; et le plus-que-bon, le meilleur ou le fertile. La probité c'est aussi le toujours-plus : Nietzsche découvre que la nature du désir est de vouloir toujours plus, de grandir en potentiel, de s'élever en capacité. Cette probité du plus-que et du toujours-plus va être le moteur qui permettra à Nietzsche de dépasser les oppositions.

Quand on est dans le plus, on ne peut pas se contenter des valeurs en soi. Quand on est dans le devenir, on ne peut pas se conformer à l'être figé. Comment Nietzsche définit-il le vecteur du vérace ? Ainsi : « *Véracité de l'art* : il est maintenant le seul à être sincère », après avoir énoncé : « L'art reçoit maintenant une *dignité* toute *nouvelle* » (*L. ph.*, § 73). Pourquoi l'art et la poésie sont-ils les seuls à être sincères ? Parce qu'ils utilisent la « métaphore » dans leur mode de connaissance. Or, seule la métaphore peut saisir un monde en mouvement. C'est parce que la métaphore est en devenir qu'elle est en mesure de connaître une réalité en devenir. Sur le plan poétique, c'est la véracité qui est le phare du dépassement de l'opposition des contraires. Là où Spinoza constitue le philosophe de la véracité, Voltaire apparaît comme le poète de la véracité.

Le cœur de la problématique du vérace réside dans la sublimation. La découverte sans doute la plus importante de Nietzsche est en effet celle de la sublimation. Comme nous l'avons vu, en une seule question, posée au tout début de l'ouvrage *Humain plus qu'humain* : « Comment quelque chose peut-il naître de son contraire ? », Nietzsche donne la définition de la « sublimation ». Comment s'y prend-il ? Il découvre, à propos des opposés, que « ce ne sont point là des contraires », mais différentes étapes dans un processus de passage. Face aux oppositions classiques, qui conduisent généralement à de faux problèmes, il n'y voit pas des polarités contraires en soi, « l'une et l'autre n'étant que des sublimations ». Il y a passage de l'une à l'autre, élévation, perfectionnement, et donc transposition, métaphorisation.

Ce premier paragraphe d'*Humain plus qu'humain* s'intitule « Chimie des idées et des sentiments » et constitue la pierre angulaire de sa théorie des métaphores entendues comme transitions de phase. En chimie et en physique, la sublimation consiste pour un corps à passer directement de l'état solide à l'état gazeux, sans qu'il soit nécessaire de passer par l'état liquide. Le fait que les idées et les sentiments soient des effets subtils de phénomènes qui traversent le corps, voilà ce que Nietzsche appelle sublimation.

Nietzsche écrit en poète. Il sublime tout ce qu'il touche. Nietzsche n'écrit pas par « aphorismes », mais par métaphorismes. Et qu'est-ce qu'un métaphorisme ? Un déplacement du point de vue, une évolution de la pensée. Admirateur des poètes et poète lui-même, Nietzsche s'oriente vers un réalisme poétique, que nous pouvons appeler un métaréalisme.

C'est la problématique du vérace qui conduit Nietzsche à élaborer un métaréalisme, qui est exposé dans *La Science joyeuse*.

Ce métaréalisme repose sur la sublimation tournée vers le plus subtil et le plus joyeux. Le métaréalisme n'a de sens que par les innombrables métaphores qui animent la réalité. Là où les aphorismes bloquent et figent, les métaphores éclairent et illuminent. Ainsi, le métaréalisme correspond-il à un réalisme des métaphores. La confrontation avec les « réalistes », mise en œuvre par Nietzsche au début du Livre II de *La Science joyeuse*, se déploie en trois paragraphes aux titres hautement significatifs : « Aux réalistes » (§ 57), « En tant que créateurs seulement ! » (§ 58) et « Nous autres artistes ! » (§ 59). On voit bien ici la disposition d'esprit avec laquelle Nietzsche perçoit la réalité. De cette confrontation avec les « réalistes » se dégage le métaréalisme philosophique, comme en 1924 André Breton dégagera le surréalisme littéraire et artistique à partir de sa position critique vis-à-vis du réel.

Si nous devions justifier le métaréalisme de Nietzsche, nous tournerions de fait notre regard vers ce Livre II de *La Science joyeuse*, où il est question de la poésie, du langage et de l'art. Nietzsche commence en effet ce Livre II par une invective contre les « réalistes ». Que reproche-t-il aux « réalistes » ? De ne pas décoller du réel, donc de ne pas être créatifs ; et pis encore, il leur reproche de ne pas voir que la réalité elle-même est en mouvement, et donc que leur théorie statique est caduque au moment même où elle se formule, puisqu'ils ne prévoient pas les avancées ; ce qui s'explique par le fait qu'ils ne sont pas dans la transformation. Le réalisme n'intègre pas la métaphore dans la connaissance qu'il a du monde ; par conséquent, il ne possède qu'une demi-vérité.

Nietzsche exige des poètes qu'ils développent un métaréalisme, c'est-à-dire un réalisme du mouvement et de la transfiguration, un réalisme de la sublimation et de la transposition. Contre le réalisme et la conviction que les habits occasionnels des choses sont devenus leurs essences, Nietzsche considère qu'une simple critique est insuffisante. Ainsi, « pour *anéantir* le monde tenu pour essentiel, la soi-disant "réalité" », encore faut-il passer à une phase créatrice.

Nietzsche assure que « ce n'est qu'en étant créateurs que nous pouvons anéantir » (§ 58). La critique pure est inopérante, et la dénonciation stérile ; seule la création peut nous permettre d'entrevoir une réalité alternative. Le rôle des poètes et des artistes se situe dans la transfiguration de la réalité. À propos d'un paragraphe de *La Science joyeuse* sur « Le Bien et le Beau » comme n'étant pas en soi, mais issus de transpositions, Nietzsche met en avant cet aperçu : « Les artistes *transfigurent* sans cesse – ils ne font rien d'autre » (§ 85). Donc la transfiguration est le modèle que les poètes et les artistes apportent à la connaissance. Les philosophes doivent être capables de transfigurer le réel, c'est-à-dire de le traduire, pour mieux le connaître. L'originalité de Nietzsche réside dans le fait d'introduire le mouvement de la métaphore à l'intérieur de la connaissance. Ainsi, peut-il énoncer, dans *Le Livre du philosophe* : « Il n'y a pas d'expression "intrinsèque" et *pas de connaissance intrinsèque sans métaphore* » (§ 149).

La métaphore devient la matrice de la connaissance. Et c'est cette connaissance métaphorisée qu'il nous est possible d'appeler le métaréalisme. La « métaphore » (*Metapher*), Nietzsche la nomme aussi « transposition » (*Übertragung*) ce qui fait que sa théorie des métaphores équivaut à une théorie des transpositions.

Et que signifie pour Nietzsche la transposition ? Un transport de sens. Que serait un réalisme des transpositions plutôt que de l'immobilité ? Il importe de savoir ce que peut apporter la transposition à la connaissance et à la pensée. Précisément, une ouverture d'esprit. Après la « chimie des idées et des sentiments », nous pouvons voir la biologie des « métaphores » dans le parcours qui va du corps au langage : « Transposer d'abord une excitation nerveuse en une image ! Première métaphore. L'image à nouveau transformée en un son articulé ! Deuxième métaphore. Et chaque fois saut complet d'une sphère dans une sphère tout autre et nouvelle. »

Le fait de trouver cette description dans *Vérité et Mensonge au sens extra-moral* acquiert toute son importance, car Nietzsche cherche à définir la vérité et la fausseté en dehors de la morale. Quand, au début de ce texte, Nietzsche définit la vérité de façon radicalement nouvelle : « Qu'est-ce donc que la vérité ? Une multitude mouvante de métaphores, de métonymies, d'anthropomorphismes » (§ 1), on pense généralement que c'est négatif, parce que l'on a une conception statique de la vérité, alors que pour Nietzsche c'est positif, parce qu'il constate que la vérité, ou mieux la véracité, est liée à la métonymie du langage, à la métaphore de la pensée et à l'anthropomorphisme de l'action. C'est dans cette optique qu'il cherche à développer une théorie dynamique de la vérité, qu'il appellera précisément la véracité. Il n'y a rien de négatif dans la définition de la vérité comme métaphore, comme métonymie et comme anthropomorphisme. La métonymie, nous l'avons nommée métabole ; la métaphore, il la nomme transposition ; et l'anthropomorphisme, il le nommera métamorphose. De plus, Nietzsche parle d'une « multitude mouvante » à propos de la vérité et ceci non plus n'est pas négatif. En effet, Nietzsche valorise le mouvement à l'exemple d'Héraclite, et il valorise aussi la multiplicité à l'exemple d'Empédocle.

Dans un paragraphe de *La Science joyeuse* au titre révélateur, « Ce qu'on peut apprendre des artistes », Nietzsche montre en quoi consiste le regard artiste sur les choses. Partant du principe spinoziste selon lequel les choses ne sont désirables que parce que nous les désirons, Nietzsche pose la question des moyens dont nous disposons pour rendre les choses « belles, attrayantes, désirables ». Comme réponse, il décrit la manière dont les artistes intercalent un certain nombre d'artifices entre eux et les choses pour mieux les percevoir: la distance, l'estompe, le biais d'un certain angle, l'échappée, le verre coloré ou la lueur du couchant, ou encore la pose d'une surface pas tout à fait transparente – et pourtant « *les voir encore* ». Ensuite, Nietzsche transpose aux poètes ce qu'il a appris des artistes: « Quant à *nous*, soyons les poètes de notre vie et tout d'abord dans le menu détail et dans le plus banal! » (§ 299). La poésie a pour fonction de rendre la vie plus légère et les choses plus belles.

Pourquoi *Le Livre du philosophe* est-il resté inédit ? Parce qu'il s'agit d'un livre-matrice. Et qu'est-ce qu'un livre-matrice ? Un livre qui est à l'origine des autres livres d'un écrivain, un livre dans lequel les autres livres viennent se sourcer ou trouvent leur point de départ, un livre qui contient une idée-matrice. Alors, qu'est-ce qu'une idée-matrice ? Une idée qui engendre d'autres idées ; mieux, une idée qui est le nœud secret de toute une œuvre ; plus encore, une idée qui constitue la source vive de la plupart des productions d'un auteur. Or, l'idée-matrice de Nietzsche, c'est la métaphore. La métaphore est ce qui lui permet de dynamiter le discours philosophique dominant, fondé sur la staticité, et de renouer avec le courant philosophique souterrain, porteur de la transformabilité. La métaphore introduit du mouvement dans la pensée. C'est ce que nous essayons d'exprimer avec la notion de dianoétologie, dans la mesure où la pensée en mouvement, la *dianoïa*, dynamise l'esprit, le *noûs*.

D'une certaine manière, le fait que *La Science joyeuse* soit encadrée par des poèmes, autrement dit, le fait que cet ouvrage commence par une série de poèmes et se termine par un minirecueil de poésies annonce le long poème philosophique qu'est *Ainsi parla Zoroastre.* Ensuite, face à l'incompréhension à laquelle s'est heurté ce long poème, Nietzsche a repris la forme théorique. Peut-être que s'il n'y avait pas eu cette incompréhension, Nietzsche aurait conservé la forme poétique. Dans le « Prélude en rimes » de *La Science joyeuse,* on trouve un poème sur l'héraclitéisme, et dans l'« Appendice » en fin de volume, intitulé *Chants du prince libre comme l'oiseau*, on trouve un poème sur Goethe. Il est à noter que Goethe et Héraclite sont les deux auteurs initiateurs qui vont ressurgir dans sa période de maturité, au moment du *Crépuscule des divinités.*

Si nous prenons en compte la figure du poète telle que la met en avant Nietzsche, une question émerge : qu'est-ce que serait une connaissance poétique ? Une connaissance qui va droit à l'essentiel par des raccourcis fulgurants. Pour résoudre la question du perfectionnement, Nietzsche utilise le principe de sublimation. La perfection n'est pas un état, mais un agissement. Ainsi, la sublimation, qui passe du corporel au psychique, se dirige-t-elle vers la légèreté et la joyeuseté. C'est ce raffinement qui est perfectionnement. C'est donc plus léger et plus joyeux que l'être humain se trouve plus parfait.

Pour le modèle de la poésie Nietzsche choisit le déplacement de la métaphore comme transposition, c'est-à-dire comme sublimation. En cela, la science joyeuse est une réponse critique à l'adresse du « Savoir absolu » de Hegel. Là où le Savoir absolu s'arrête une fois achevé, la science joyeuse est infinie et se caractérise par l'inachevable. La philosophie du Dieu-Esprit avec pour finalité le Savoir omniscient et omnipotent, que théorise Hegel, étouffe la véracité. Après avoir parlé de « la religion », dans son *Esthétique*, Hegel précise: « La philosophie a pour objet la même vérité; elle pense le vrai et n'a pas d'autre objet que Dieu; elle est essentiellement théologie et service divin. » Comme Platon, Hegel transforme le philosophe en théologien. C'est la raison pour laquelle l'histoire de la philosophie dominante, qui va de Platon à Hegel, s'identifie à une histoire de la théologie.

Après la charge contre la poésie de la part de Platon, la charge contre l'art de la part de Hegel

n'en est pas moins violente : « L'art, ou du moins sa destination suprême, est pour nous quelque chose du passé. De ce fait, il a perdu pour nous sa vérité et sa vie. » C'est ainsi que Hegel s'exprime dans son *Esthétique*, aveuglé qu'il est par sa logique du concept. En 1886, pour la rédaction du Livre V de *La Science joyeuse*, ajouté comme un oubli à la version de 1882, Nietzsche ira repêcher Schopenhauer pour son opposition à Hegel. En effet, Schopenhauer, qui est athée, considère la philosophie de Hegel comme une « colossale mystification », c'est-à-dire comme la mascarade de la religion chrétienne déguisée en philosophie. Le tableau que nous peint Nietzsche c'est l'athéisme contre la théologie. Pour lui, Hegel n'est finalement qu'un théologien. Il s'en explique : « Schopenhauer fut en tant que philosophe le *premier* athée avoué et inflexible qui se soit trouvé parmi nous autres Allemands : c'était là le vrai motif de son hostilité contre Hegel » (§ 357).

Hegel enfin dévoilé !

Si le Livre V de *La Science joyeuse* commence par le rappel du « plus grand événement récent » qui réside dans le constat « que "Dieu est mort", que la croyance au Dieu chrétien est tombée en discrédit » (§ 343), le cœur de ce Livre V a pour résonance la critique contre l'idéalisme allemand considéré comme le dernier avatar de la théologie : « En revanche, ce serait aux Allemands – à ces Allemands contemporains de Schopenhauer – qu'il faudrait justement attribuer le fait d'avoir *retardé* le plus longuement et le plus dangereusement cette victoire de l'athéisme ; Hegel, notamment, fut son retardateur *par excellence* » (§ 357). Hegel a été un frein à l'affranchissement de l'esprit. Nietzsche commence la problématique du vérace avec un éloge de la chimie, au début d'*Humain plus qu'humain*, au paragraphe « Chimie des idées et des sentiments » (§ 1), dans lequel il découvre les « sublimations » ; et il conclut cette problématique du vérace par un éloge de la physique, à la fin de *La Science joyeuse*, au paragraphe « Vive la physique ! » (§ 335), dans lequel il préconise la « *création de nouvelles et de propres tables des valeurs* ».

Renouant avec l'esprit de la philosophie présocratique, où les philosophes étaient aussi des physiciens et non pas des moralistes, Nietzsche positionne un statut dynamique du philosophe : « Il nous faut être des *physiciens* pour pouvoir être dans ce sens-là des *créateurs.* » La philosophie est une physique de la création, comme elle est une chimie de la véracité. La théorie classique de la connaissance appelée gnoséologie bride le vérace.

À l'opposé, la dianoétologie exprime la pensée en mouvement, c'est-à-dire la découverte. Nietzsche est un anti-Hegel.

PARTIE III
La figure du créateur

Changement de paysage. Après Voltaire et Spinoza, voici Baudelaire et Zoroastre.

Quatrième déclic : la découverte de Zoroastre. Quatrième parcours : une vision créative du monde sous l'égide de Baudelaire. Quatrième question : la question du bien et du mal.

Une nouvelle rotation complète dans l'œuvre de Nietzsche se situe pendant le séjour à Rapallo, près de Gênes, sous l'influence de Lou Andreas-Salomé qui avait l'intention de fonder une petite communauté de chercheurs. De là, sortira l'ouvrage *Ainsi parla Zoroastre. Un livre pour tous et pour personne*, écrit au cours de l'hiver 1882-1883. Après la précision de climat : « l'hiver était froid et pluvieux à l'extrême », et après la précision de lieu : une petite auberge « située à proximité immédiate de la mer, de sorte que la nuit les flots démontés rendaient tout sommeil impossible », vient la précision de genèse : « c'est pendant cet hiver, et dans ces conditions défavorables, que naquit mon *Zoroastre* » (III, 6, § 1).

C'est sous l'empreinte de la figure de Protée, qui change de forme au gré de son parcours, que s'élabore une théorie des métamorphoses. Nietzsche croyait avoir résolu le thème du mal par la question du perfectionnement avec Spinoza, mais à cause du conflit avec sa sœur dans lequel il est caractérisé comme suppôt du mal et Elisabeth comme représentante du bien, le voilà confronté à la question du bien et du mal. On comprend, par ce fait, qu'il ait été chercher Zoroastre pour résoudre cette question.

De quoi Zoroastre est-il le symbole ? De l'opposition du bien et du mal et de son dépassement. De ce fait, quelle méprise de le considérer comme le représentant du bien et du mal ! Quelle méprise de

fabriquer à partir de son disciple Manès le qualificatif de « manichéen » pour désigner quelqu'un qui verrait d'un côté tout en blanc et de l'autre tout en noir !

Voltaire et Goethe ont initié Nietzsche à la connaissance de Zoroastre, ou du moins à la reconnaissance de son influence en tant que penseur perse sur la culture européenne, au point que Zoroastre se retrouve sous la forme d'un petit récit à la fin de *La Science joyeuse* dans sa version de 1882. Qu'exprime ce petit récit final de *La Science joyeuse* (§ 342) décrivant Zoroastre qui séjourne dix ans en hauteur dans la montagne et qui désire ensuite descendre en profondeur dans la marée humaine pour partager et diffuser le nectar de ses trouvailles ? Il est important de se ressourcer dans la solitude de la recherche pendant un certain temps, et il est tout aussi important de répandre ses découvertes dans un second temps.

Donc, pour Nietzsche, la création commence par un surpassement (*Übergang*), une hauteur de vue symbolisée par la montagne, c'est-à-dire une élévation, et se poursuit par une immersion (*Untergang*), une profondeur de réalisation symbolisée par la mer, c'est-à-dire une descente. Ce petit récit est déjà un minitraité de la création. Le *Prologue de Zoroastre* sera une extension de ce petit récit, et *Ainsi parla Zoroastre* sera une extension du *Prologue*. C'est tout naturellement que Nietzsche en viendra à écrire un long poème ayant pour centre d'intérêt la pensée de Zoroastre.

Avec Baudelaire comme aiguillon et Zoroastre en arrière-fond, Nietzsche propose la figure du créateur-philosophe pour enrichir la culture. Les moyens utilisés seront les métamorphoses que sont la fécondité et la fertilité. Comment Nietzsche définit-il le vecteur du fécond? Ainsi: « Toute *fécondité* et toute force motrice se tiennent dans ces regards *jetés sur l'avenir* », après avoir énoncé peu avant: « La philosophie peu démontrée d'Héraclite a une valeur d'art supérieure à toutes les propositions d'Aristote » (*L. ph.*, § 61).

Pour Nietzsche, la fécondité est irrémédiablement tournée vers l'avenir, elle est ouverture au temps futur et donc à la nouveauté. Ce qui est fécond n'est pas encore présent, ou n'est présent que potentiellement; cela n'appartient pas à l'époque actuelle, mais à une époque qui s'annonce. Sur le plan de la création c'est la fécondité qui est la flèche du dépassement de l'opposition des contraires. Là où Zoroastre s'affirme comme philosophe de la fécondité, Baudelaire se manifeste en poète de la fécondité. Le cœur de la problématique du fécond réside dans les métamorphoses de l'esprit : d'abord chameau, puis lion, et ensuite enfant.

Nietzsche écrit en créateur. Il invente au fur et à mesure qu'il avance. Nietzsche n'écrit pas par « arguments », mais par métamorphismes. Et qu'est-ce qu'un métamorphisme ? Un dépassement des blocages conceptuels, une transformation interne des questions envisagées.

C'est la problématique du fécond qui conduit Nietzsche à élaborer un métahumanisme, qui est exposé dans *Ainsi parla Zoroastre*.

Ce métahumanisme repose sur les transformations de l'esprit. Le métahumanisme n'a de sens que par les innombrables métamorphoses qui animent l'être humain. Là où les arguments formalisent et assèchent, les métamorphoses transforment et fluidifient. Ainsi, le métahumanisme correspond-il à un humanisme des métamorphoses. L'ouvrage *Ainsi parla Zoroastre* est un manifeste du métahumanisme. Le métahomme est l'homme qui s'élève, qui se sublime, qui se surmonte, qui se surpasse pour devenir créatif, ce qu'il est paradoxalement déjà ; mais il a besoin de le devenir pour l'être, car il s'agit d'un processus, d'une mise en mouvement, et pas d'un état acquis une fois pour toutes. La « métamorphose » (*Metamorphose*, *Verwandlung*), Nietzsche la nomme également « transformation » (*Umgestaltung*) ce qui fait que sa théorie des métamorphoses équivaut à une théorie des transformations.

Et que signifie pour Nietzsche la transformation ? Un changement de sens. Que serait un humanisme des transformations, plutôt que de l'identité ? Il importe de savoir ce que peut apporter la transformation à l'action et à la création. Véritablement, une largesse de comportement. Nietzsche était conscient de la mécompréhension qui touchait les notions qu'il utilisait. En 1888, donc pas plus de cinq ans après qu'il a publié le *Prologue* et la première partie d'*Ainsi parla Zoroastre*, il rappela, dans *Voici l'homme*, ce qu'il avait voulu dire : « Le mot "*métahomme*" pour désigner un type d'accomplissement le plus élevé, par opposition à l'"homme moderne", à l'"homme [prétendument] bon", aux chrétiens et autres nihilistes [ceux qui nient la vie] – un mot qui, dans la bouche de Zoroastre, le *destructeur* de la morale, est un mot qui donne à réfléchir » (III, § 1). Et il montra en quoi consistait la mécompréhension vis-à-vis de sa pensée : « Ce "métahomme" [mal traduit en français par "surhomme"] a presque partout été compris, en toute candeur, dans le sens de ces valeurs mêmes dont le personnage de Zoroastre incarne l'antithèse : je veux dire comme type "idéaliste" d'une classe supérieure d'hommes, mi-"saint", mi-"génie". » À cette mécompréhension, s'ajoute une méprise : « Parmi le cheptel savant, d'autres m'ont, à cause de lui [à cause de ce mot de "métahomme"], soupçonné de darwinisme. » Et à cette méprise, se rajoute une méconnaissance : « On y a même reconnu le "culte du héros" que j'ai pourtant si cruellement récusé. »

Pour un seul mot, que Nietzsche utilisait pour désigner simplement l'être humain créateur, combien de mésinterprétations de toutes sortes ! Pourquoi ce qui a marché avec Goethe, quand il reprend le poète persan Hafiz pour faire *Le Divan*, ne marche pas avec Nietzsche, quand il reprend le philosophe perse Zoroastre pour faire *Ainsi parla Zoroastre* ? Pourquoi *Le Divan* de Goethe a un grand succès, alors qu'*Ainsi parla Zoroastre* de Nietzsche confine à l'insuccès et à l'incompréhension ? Parce que la philosophie est le pré carré des théologiens. Or, Nietzsche a mordu sur leur plate-bande, ce que les philosophes-théologiens ne lui ont pas pardonné. Si le système de Nietzsche se nomme le « perspectivisme », la science qui sous-tend l'ensemble de sa démarche est une science des métamorphoses à propos de laquelle nous pouvons risquer le néologisme de métamorphologie. Car Nietzsche est un métamorphologue, il étudie les métamorphoses au cours du temps, les processus de transformation, les actes de création. Autant Hegel a écrit *La Phénoménologie de l'Esprit-Dieu*, autant Nietzsche aurait pu écrire *La Métamorphologie de l'esprit affranchi*. Nous avons ici deux conceptions de la philosophie, du côté hégélien une philosophie de la domination, et du côté nietzschéen une philosophie de l'affranchissement.

La notion de « métahomme » que Nietzsche emprunte à Goethe entre dans le cadre de sa métamorphologie. Il s'agit d'un homme affranchi des carcans théologiques. La métamorphologie, Nietzsche lui avait donné un nom, c'est celui de « généalogie », que l'on trouve dans l'ouvrage *Vers une généalogie de la morale*. Que fait le généalogiste sinon repérer les métamorphoses, les embranchements, les ramifications? On aurait dû interroger Nietzsche pour savoir ce qu'il entendait par l'évocation de Zoroastre, et dans *Voici l'homme* il déplore que l'on ne l'ait pas fait: « On ne m'a pas demandé – mais on aurait dû me demander – ce que signifie dans ma bouche, dans la bouche du premier non-moraliste, le nom de *Zoroastre*, car c'est juste le contraire qui fait le caractère monstrueusement unique de ce Perse dans l'histoire » (IV, § 3).

Habituellement, on considère dans l'histoire Zoroastre comme le philosophe du bien et du mal, alors que Nietzsche le considère comme le philosophe du dépassement de ces deux principes. C'est bien lire Zoroastre que d'y voir le facteur d'un surmontement, et notamment le surmontement de la morale par elle-même, car la perfection qu'il préconise consiste à absorber les forces maléfiques dans les forces bénéfiques à travers la pensée féconde, la parole féconde et l'action féconde. En plus du surmontement des principes bien et mal en une transfiguration du monde par le caractère fécond de l'esprit, de la parole et de l'action, Nietzsche voit en Zoroastre un second caractère important, c'est la sincérité de l'acte créateur : « Zoroastre est plus sincère qu'aucun autre penseur. Sa doctrine, et c'est la seule, a pour vertu suprême la *sincérité.* »

La notion de sincérité a pour Nietzsche une valeur transdisciplinaire, applicable à tous les domaines créatifs. On se souvient que dans *Le Livre du philosophe* Nietzsche en avait fait le critère de la pratique artistique : « *Véracité de l'art* : il est maintenant le seul à être sincère » (§ 73). La sincérité correspond à ce qu'il nomme par ailleurs la « probité », dans l'optique d'une probité philologique. Que dit Voltaire au chapitre « Zoroastre » de son *Dictionnaire philosophique*, selon la version non expurgée des *Œuvres complètes* ? Ceci, de façon élogieuse : « Si c'est Zoroastre qui le premier annonça aux hommes cette belle maxime: “Dans le doute si une action est bonne ou mauvaise, abstiens-toi”, Zoroastre était le premier des hommes après Confucius. » Et que dit Goethe dans les « Notes et dissertations » de son *Divan occidental-oriental*, en version non expurgée? Tout d’abord: « Le culte des anciens Parsis [Perses zoroastriens] se fondait sur la contemplation de la nature. Quand ils adoraient le Créateur, ils se tournaient vers le soleil levant, comme le plus surprenant et le plus magnifique des phénomènes. » Et ensuite: « Zoroastre semble avoir, le premier, transformé la pure religion naturelle en un culte cérémonieux. » (§ « Anciens Perses », trad. Jacques Porchat).

En effet, Zoroastre est un réformateur, et le zoroastrisme, une réforme du mazdéisme, religion de la lumière, du soleil et du feu. Dans la mythologie perse, Ormazd ou Ahura Mazda, dieu de la lumière et du bénéfique, combat Ahriman, dieu de l’obscurité et du maléfique. Contre Ahriman, Ormazd a comme arme l’« Éclair » (*Atar*). Cette métaphore de l’éclair, Nietzsche saura s’en souvenir lors de la rédaction du *Prologue de Zoroastre*. Nietzsche avait à sa disposition une traduction allemande récente des *Gathas* de Zoroastre, puisque le philologue allemand Martin Haug avait proposé en 1862 une traduction complète de ces *Gathas*, c'est-à-dire des chants et paroles de Zarathoustra : *Die fünf Gathas, oder Sammlungen von Liedern und Sprüchen Zarathustras*. L'ouvrage de Nietzsche *Also sprach Zarathustra* reprend, vingt ans plus tard, la notion de parole du titre, le découpage en chants et même le nom de Zarathoustra, en abandonnant la forme hellénisée de Zoroastre sous laquelle pourtant tout le monde le connaît. Malheureusement, ses lecteurs ont fait du Zarathoustra de Nietzsche un personnage romanesque au prétexte qu'il était inclus dans une forme poétique.

Le fait que Nietzsche soit philologue de profession et qu'il fréquente le micromilieu des philologues allemands n'est pas étranger à sa connaissance approfondie de la philosophie de Zoroastre. De plus, l'insistance répétée de Voltaire et de Goethe en direction de Zoroastre a mis l'auteur de *La Science joyeuse* sur la piste d'un philosophe qui prône l'évolution vers la perfection, la création transformatrice et le temps infini. Vers quoi conduisent les « trois métamorphoses de l'esprit » qui inaugurent le Livre I d'*Ainsi parla Zoroastre* ? Vers la réalisation du créateur. Or, la troisième métamorphose de cette réalisation équivaut au statut de l'enfant : « L'enfant est innocence et oubli, un recommencement, un jeu, une roue roulant d'elle-même, un premier mouvement, un "oui" sacré » (§ 1). Belle surprise ! À quoi correspond la figure du « métahomme », c'est-à-dire de l'*Übermensch* dans la langue de Goethe ou du prétendu « surhomme » en français ? À un enfant. Étonnant, non !

Les trois métamorphoses de l'esprit formulées par Nietzsche sont traversées par le cordeau de la temporalité. Le chameau est une allégorie du passé, le lion, une allégorie du présent, et l'enfant, une allégorie de l'avenir. Si nous appliquons le diagramme des trois métamorphoses de l'esprit à l'ensemble de l'œuvre de Nietzsche, nous découvrons que trois livres symbolisent ces trois étapes : *La Naissance du théâtre tragique grec* symbolise l'étape du chameau et représente la culture du passé, *La Science joyeuse* symbolise l'étape du lion et représente la culture du présent, et *Ainsi parla Zoroastre* symbolise l'étape de l'enfant et représente la culture du futur.

On peut considérer *Ainsi parla Zoroastre* comme le prolongement de l'*Hymne à la vie* qui fut donné à Nietzsche par Lou von Salomé à la fin de l'été 1882. Ayant terminé et publié ce même été *La Science joyeuse*, Nietzsche était en attente d'un nouveau parcours. Il aura fallu la dispute avec sa sœur Elisabeth qui jalousait Lou et qui le ridiculisa au cours de l'automne en reprenant la dernière phrase de cet ouvrage, à savoir « Ainsi commença la descente de Zoroastre » (IV, § 342), pour que Nietzsche relève le défi et commence son nouvel ouvrage là où *La Science joyeuse* s'était arrêtée, mais avec le poème de Lou comme guide et leur projet d'une communauté de créateurs comme cadre.

Ainsi parla Zoroastre est un manifeste littéraire et philosophique à l'usage des créateurs et des chercheurs. En supposant que Nietzsche ait donné à son poème le titre *Manuel du savoir-inventer à l'usage des créateurs* ou, mieux encore, *Lettres à un jeune créateur*, nous pouvons imaginer qu'il n'y aurait pas eu d'ambiguïté et que personne n'aurait eu à y redire.

Ce que Nietzsche a découvert, c'est que la nature profonde de l'être humain est d'être créatif, et que la source de son existence est la créativité. Nietzsche est le premier philosophe à revendiquer le qualificatif de créateur et à définir l'être humain comme créateur. À elle seule cette définition de l'être humain comme créateur détrône toutes les divinités, toutes les transcendances, toutes les théologies.

L'intuition de Nietzsche réside dans l'énigme du sous-titre d'*Ainsi parla Zoroastre* : « Un livre pour tous et pour personne. » Le message de ce livre est le devenir-créatif, le devenir-créateur. C'est là que Nietzsche nous fait une démonstration magistrale d'ontologie dynamique, puisque pour être ce que l'on est il faut le devenir, autrement dit, pour qu'il y ait de l'être il faut qu'il y ait du devenir. C'est cette ontologie dynamique que nous appelons la dynamologie. Le devenir-créatif est « pour tous », car tout le monde est créatif, mais en même temps il est « pour personne », car nous sommes conditionnés par l'« Être en tant qu'Être » d'Aristote, conditionnés par la philosophie du fini, alors que les processus sont infinis.

Le terme d'*Übermensch* utilisé par Nietzsche et repris à Goethe, c'est-à-dire le terme de métahomme, marque le passage du statut de créature à celui de créateur, le passage de l'homme comme personne créée au métahomme comme personnalité créative. Pour cela, il y a métamorphose, une métamorphose culturelle. Si la métamorphose du chameau a eu lieu, et si la métamorphose du lion est en cours, la métamorphose de l'enfant reste à venir. L'ébauche du métahomme n'est autre que l'esquisse d'un métamoi. C'est dans le chapitre « Des négateurs du corps », au Livre I d'*Ainsi parla Zoroastre*, que Nietzsche théorise la diatopique du psychisme humain, selon le diagramme suivant: le « soi »/le « moi »/le « métahomme ». Par conséquent, le métahomme réalise le métamoi, le moi le plus élevé. Il y a, dans cet ouvrage, une correspondance fondatrice entre les « trois métamorphoses de l'esprit » et le « surmontement de soi ». Le « soi », c'est le chameau qui porte; le « moi », c'est le lion qui se libère; et le « métahomme », c'est l'enfant qui s'élève.

Une pépite de véracité se trouve au cœur d'*Ainsi parla Zoroastre*: « Créer – voilà la grande délivrance

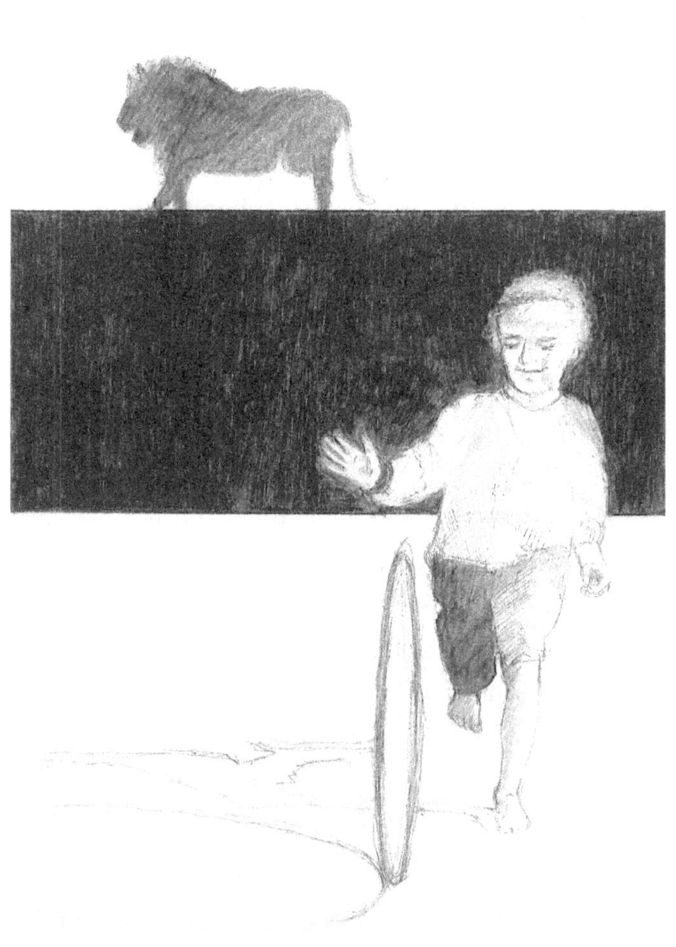

de la souffrance, voilà ce qui rend la vie légère » (II, 2). Extraordinaire ! Ainsi, l'acte de créer est-il à la fois une libération vis-à-vis de la souffrance par la transposition et un accès à la légèreté par la sublimation. À la place du mal et du bien Nietzsche parle de souffrance et de légèreté. C'est ici que se situe la fécondité. En fait, le chapitre qui abrite cette pépite de véracité, et qui s'intitule « Sur les îles bienheureuses », constitue l'esquisse d'un programme de création. D'abord, Nietzsche en énonce le contenu : « C'est du temps et du devenir que doivent parler les paraboles les meilleures. » Ensuite, le moyen : « Ainsi vous êtes les intercesseurs et les justificateurs de tout ce qui est périssable », et cela « pour que le créateur soit lui-même l'enfant nouveau-né ». Puis, le principe : « Désirer libère : telle est la véritable leçon du désir et de la liberté, – c'est elle que Zoroastre vous enseigne. » De plus, la condition première : « Ce désir m'attira loin de Dieu et des dieux ; qu'y aurait-il donc à créer s'il y avait des dieux ? » En ajout, le cadre de l'action : « Mon ardent désir de création me ramène sans cesse à l'homme ; de la même façon le marteau se trouve entraîné vers la pierre. » De surcroît, la réalisation : « Voici que mon marteau frappe cruellement aux murs de sa prison. Des éclats de pierre s'envolent, que m'importe ? » Et enfin, l'objectif : lequel consiste à rencontrer « ce qu'il y a en toutes choses de plus léger et de plus silencieux. » Voilà un programme de création que chacun a la possibilité de mettre en pratique.

Nietzsche parle du « soi créateur » dans le chapitre « Des négateurs du corps » d'*Ainsi parla Zoroastre*. En effet, c'est le soi, c'est-à-dire l'inconscient, qui est créateur pour Nietzsche. Il affirme sa découverte : « Derrière tes pensées et tes sentiments, mon frère, se tient un maître impérieux, un sage inconnu – il s'appelle soi. Il habite ton corps, il est ton corps » (I, 4). Et il conclut à l'adresse de ceux qui méprisent le corps : « Pour moi, vous n'êtes pas des ponts vers le métahomme ! » Ainsi, voit-on encore que le métahomme équivaut à un métamoi, c'est-à-dire à un moi métamorphosé par transformations, transpositions, sublimations successives. Si nous prenons en compte la figure du créateur telle que la met en relief Nietzsche, une question émerge : qu'est-ce que serait une connaissance créative ? Une connaissance qui innove à travers l'observation, qui invente au travers des savoirs et qui avance par des chemins de traverse. Nietzsche découvre que ce sont les contradictions qui rendent fécond. Au principe de non-contradiction de la logique formelle d'Aristote, Nietzsche répond par le principe des contradictions comme principe fondateur d'une logique créative : « On n'est *fécond* qu'à ce prix : être riche de contradictions » (V, § 3), énonce-t-il dans le *Crépuscule des divinités*. Le principe des contradictions pourrait être étendu à un droit de se contredire et à un droit de contredire. Le droit de se contredire est la base d'une recherche philosophique féconde. Et dans *La Science joyeuse*, Nietzsche fait du droit de contredire l'avancée de la culture : « Quant à *savoir* contredire, quant à maintenir la *bonne* conscience acquise dans l'hostilité à tout ce qui est habituel, traditionnel, sacré – voilà qui est plus que supporter et provoquer la contradiction, voilà ce qu'il y a d'essentiellement grand, nouveau, étonnant dans notre culture, voilà le pas suprême de l'esprit libéré » (§ 297). Ainsi, le créateur est-il un contradicteur.

Pour résoudre la question du bien et du mal, Nietzsche utilise le principe de surmontement (*Überwindung*). Toutes les oppositions de valeurs, à commencer par la plus spécifique qui est celle du bien et du mal, freinent l'individu et bloquent l'esprit. L'être humain n'est pas un point fixe, mais une flèche en mouvement ; il évolue sans cesse et se surmonte toujours. Ce sont ces surmontements successifs qui rendent le parcours fécond.

Pour le modèle de la création, Nietzsche choisit le surmontement de toute forme de contraires, donc le surmontement de soi aussi. En cela, la métaphysique comme science de l'Être en tant que Même d'Aristote est balayée par le flux des métamorphoses, par cet élan vital qui se transmue en élan créateur. La philosophie du Même, c'est-à-dire de l'Être en tant qu'Être, que met en place Aristote, asphyxie la fécondité. En fait, le projet plus tard abandonné d'écrire sur *Le Désir vers la potentialité* est issu d'*Ainsi parla Zoroastre,* puisque c'est dans cet ouvrage que cette notion a été formulée. Précisément, c'est dans le Livre II, au chapitre 12 intitulé « Du surmontement de soi », que se trouve la formulation de la notion de désir

vers la potentialité : « Ce n'est que là où il y a de la vie qu'il y a aussi du désir : mais non pas un désir vers la vie, plutôt – tel est mon message – un désir vers la potentialité. » (trad. Romain Sarnel). Dans ce chapitre, Nietzsche fait parler la « vie », il lui fait dire : « Je suis ce qui doit toujours s'autosurmonter. » Dans ce contexte, l'autosurmontement correspond à un recours au potentiel créatif. Par conséquent, être vivant c'est être créatif.

L'édition française des *Fleurs du mal* que Nietzsche possédait dans sa bibliothèque date de 1882. Donc, dès cette date, Nietzsche pouvait l'avoir en sa possession, et par conséquent, il y aurait un parallèle à faire entre *Ainsi parla Zoroastre* et *Les Fleurs du mal*. Quelle résolution de la question du mal Baudelaire adopte-t-il? Il s'en explique dans un projet de préface : « Il m'a paru plaisant, et d'autant plus agréable que la tâche était plus difficile, d'extraire la *beauté* du Mal. » Ce programme poétique s'intitule « De la Beauté dans le Mal », mais, dans un geste très antiplatonicien, il s'accompagne d'un autre programme intitulé « De la distinction du Bien d'avec le Beau ». Donc Baudelaire rejette le bien en soi immuable et fait surgir le beau à partir de la transmutation du mal. Dans un mouvement tout aussi antiplatonicien, avec en plus une charge fortement antiaristotélicienne, Nietzsche remplace le bien par le fécond et fait émerger le fécond à partir de la métamorphose du mal. Précisément, au début d'*Ainsi parla Zoroastre*, c'est ce qu'il nomme la « création », et l'acteur de cette création, le « créateur », pour désigner l'être humain qui se surmonte.

La démarche que Nietzsche inaugure avec son ouvrage *Au-delà des principes bien et mal* est une démarche baudelairienne. Et c'est la démarche qui préside à l'écriture du poème « Hymne à la beauté », lequel est la clef de voûte des *Fleurs du mal*. Baudelaire commence ce poème par une question : « Viens-tu du ciel profond ou sors-tu de l'abîme, / Ô Beauté ? [...] / Sors-tu du gouffre noir ou descends-tu des astres ? » Et avec un mouvement de dépassement des contraires, il conclut son poème sur la fonction qu'il attribue à la création de beauté : « Que tu viennes du ciel ou de l'enfer, qu'importe, / Ô Beauté ! [...] / De Satan ou de Dieu, qu'importe ? Ange ou Sirène, / Qu'importe, si tu rends [...] / L'univers moins hideux et les instants moins lourds ? » (XXI). L'abandon de la souffrance et l'aspiration à la légèreté font le dynamisme dans l'action dont l'être humain a besoin. C'est précisément ce qui le rend plus créatif et plus fécond. C'est au début de l'ouvrage *Au-delà des principes bien et mal* que Nietzsche donne le mode opératoire de la réversibilité de toute valeur : « Comment une chose *pourrait*-elle procéder de son contraire, par exemple la vérité de l'erreur ? Ou la volonté du vrai de la volonté de tromper ? Ou le désintéressement de l'égoïsme ? Ou la pure et radieuse contemplation du sage de la convoitise ? » (§ 2).

Prenant les « métaphysiciens » à revers, Nietzsche décrit précisément la « genèse » des valeurs. Il leur reproche de croire à des oppositions indépassables : « La croyance fondamentale des métaphysiciens c'est *la croyance aux oppositions des valeurs*. » Or, la grande affaire de Nietzsche est de dépasser les oppositions. Ensuite, il se demande si des « oppositions en général » existent réellement, et du coup il se demande si ces prétendues « oppositions de valeurs », après tout, « ne sont peut-être pas de simples jugements superficiels, des perspectives provisoires ». Chemin faisant, il pousse encore plus loin l'interrogation : « Il se pourrait même que *ce qui* constitue la valeur de ces choses bonnes et vénérées tînt précisément au fait qu'elles s'apparentent, se mêlent et se confondent insidieusement avec des choses mauvaises et en apparence opposées, au fait que les unes et les autres sont peut-être de même nature. » Ici, il met le doigt sur l'une de ses plus grandes découvertes, à savoir la vectorisation des valeurs, qui prendra pour nom le « perspectivisme ». La valeur est un vecteur, une perspective. Pour accompagner cette découverte, Nietzsche demande une nouvelle espèce de philosophes, des philosophes qui aillent dans un « sens inverse » de celui des métaphysiciens, et il annonce la venue de « ces philosophes nouveaux », des philosophes du devenir et non plus de l'Être en tant qu'Être.

Dans le *Prologue de Zoroastre*, la création s'appuie sur trois principes, le principe d'immersion symbolisé par le coucher du soleil dans la mer, le principe de surpassement symbolisé par le vent sur la montagne, et le principe de transformation symbolisé par le pont traversé. La logique nietzschéenne s'oppose créativement à la logique formelle de type aristotélicien. Nietzsche remplace le principe d'identité par celui d'immersion, le principe de non-contradiction par celui de surpassement et le principe du tiers-exclu par celui de transformation. La métaphysique d'Aristote comme science de l'Être en tant qu'Être, c'est-à-dire comme tautologie, est inopérante, car pour Nietzsche « se contenter de la vérité dans la forme de la tautologie » équivaut à « se contenter de cosses vides », comme il l'énonce dans *Vérité et Mensonge au sens extra-moral*. À travers la référence à Zoroastre qui table sur la transformation du monde et des individus, ce que Nietzsche reproche à la théologie chrétienne c'est de faire adorer une tautologie en la personne de Dieu, à savoir le « Je suis Celui qui est ». Le fait que le Dieu soit identifié à l'Être et que l'Être soit inclus dans le langage éclaire l'appréhension qui ouvre *Crépuscule des divinités* : « Je crains que nous ne puissions nous débarrasser de Dieu, parce que nous croyons encore à la grammaire » (III, § 5). Si nous ne nous débarrassons pas de la croyance en la tautologie, c'est la grammaire qui aura raison de nous.

Comment sortir de la grammaire de l'Être ? En inventant un diagramme du devenir. La logique d'Aristote est celle de la tautologie, alors que la logique de Nietzsche est celle de la métamorphose. La théorie classique de l'action appelée axiologie biffe le fécond.

À l'opposé, la métamorphologie exprime l'action en mouvement, c'est-à-dire la recherche. Nietzsche est un anti-Aristote.

CONCLUSION
Le perspectivisme ou la mise en perspective de la pensée

Changement de perspective. Après Baudelaire et Zoroastre, voici Goethe et Héraclite.

Cinquième déclic : la redécouverte d'Héraclite. Cinquième parcours : une vision perspectivante du monde sous l'égide de Goethe. Cinquième question : la question de la vie et de la mort.

Nietzsche croyait avoir résolu la question du bien et du mal, notamment avec les deux ouvrages *Au-delà des principes bien et mal* et *Vers une généalogie de la morale*, quand, au cours de l'année 1888 et quelque temps avant, le voilà confronté à la question de la vie et de la mort, c'est-à-dire au devenir. Il est logique qu'il fasse appel à Héraclite pour résoudre cette question, lequel peut être défini comme le philosophe du devenir. Car qu'est-ce que le devenir, sinon la transformation de la vie en la mort et de la mort en la vie ?

Cette nouvelle question de la vie et de la mort nécessitera l'écriture de deux autres ouvrages que sont *Crépuscule des divinités* (*Götzen-Dämmerung*) et *L'Anti-Christ* (*Der Antichrist*). *Le Divan occidental-oriental* de Goethe sert de modèle à Nietzsche pour sa théorisation d'une réversibilité des valeurs. Dans le poème « Bienheureux désir », à la fin du Livre I du *Divan*, Goethe affirme : « Je veux louer le vivant / Qui aspire à la mort dans la flamme », puis conseille : « Meurs et deviens ! » En cela, il propose la réversibilité vie-mort et mort-vie. Dans une lettre à Georg Brandes, du 19 février 1888, Nietzsche lui fait une révélation : « Entre les *Considérations intemporelles* et *Humain plus qu'humain*, une crise a eu lieu, ainsi qu'une mue. » Et d'ajouter : « Je viens de faire, encore une fois, la même prouesse. » Donc, peu de temps avant 1888, il y a eu chez Nietzsche une crise suivie d'une mue. Quelle est cette crise et quelle est cette mue ?

La philosophie de Nietzsche opère par miniruptures, qui sont autant de minidéplacements dans l'ordre de la pensée. Par exemple, quand Hölderlin, qui est le poète favori de Nietzsche à l'époque de sa jeunesse, fait un rapprochement entre Jésus et Dionysos dans son poème *Le Pain et le Vin*, Nietzsche rompt avec cette attitude à la fin de son dernier ouvrage *Voici l'homme* et caractérise sa position comme étant celle de « Dionysos contre le Crucifié ». Autre exemple, la notion-clef de Schopenhauer qui est le « désir vers la vie », souvent traduite par le « vouloir-vivre », Nietzsche la déplace et en forge une autre, à savoir le « désir vers la potentialité », que nous pouvons traduire par le vouloir-faire. Nietzsche découvre d'abord le désir de vie chez Schopenhauer, et ce sera l'adjonction de la figure de Dionysos à celle d'Apollon. Il découvre ensuite le désir de joie chez Spinoza, et ce sera l'ouverture à la culture provençale de la *gaya scienza*. Et il découvre enfin le désir d'action chez Zoroastre, et ce sera l'éloge de la créativité. C'est l'ensemble des minidéplacements au sein du champ des idées qui constitue la philosophie de Nietzsche et qui se transforme en perspectivisme. Il ne s'agit pas d'une doctrine à vocation d'orthodoxie, il s'agit plutôt d'une philosophie vivante en modification permanente.

Dès 1885, dans la préface de l'ouvrage *Au-delà des principes bien et mal*, Nietzsche qualifie « le *perspectivisme* » de « condition fondamentale de toute vie ». Donc, dès ce moment, Nietzsche est en possession de son système, le perspectivisme, et de la question de la vie comme centrale.

La méthode de la mosaïque permet à Nietzsche d'avoir une vision évolutive des idées. Chaque élément, qui prend place à un emplacement qui n'est pas déterminé à l'avance, modifie l'ensemble de la mosaïque. Tant qu'une pièce peut être ajoutée, la mosaïque n'est pas finie. Le vertige de la compréhension atteint Nietzsche quand il découvre que les réalités n'existent pas en soi, pas même les valeurs, mais seulement en perspective. Dans une lettre à Franz Overbeck, du 23 juillet 1884, Nietzsche décrit cette découverte comme si le sol se dérobait sous ses pieds : « Ma théorie, selon laquelle le monde du bien et du mal n'est qu'un monde de perspective, constitue une telle innovation que parfois j'en perds l'ouïe et la vue. »

Cette découverte est véritablement inouïe et éblouissante, c'est-à-dire inaudible et irregardable, tellement notre cerveau est formaté par le statisme de Parménide. La philosophie de l'Être qui est et du Non-Être qui n'est pas, qu'instaure Parménide, bloque la fertilité. En trois interrogations et trois réponses, Nietzsche résume les grandes lignes de sa philosophie de la fertilité. Cette triade figure en tête de *L'Anti-Christ* : « Qu'est-ce qui est bon ? Tout ce qui *exalte* en l'être humain le sentiment de potentialité, le désir vers la potentialité, la potentialité elle-même. Qu'est-ce qui est mauvais ? Tout ce qui vient de l'affaiblissement [c'est-à-dire d'une baisse de potentialité]. Qu'est-ce que le bonheur ? Le sentiment que la potentialité *croît*, qu'un obstacle est sur le point d'être surmonté » (§ 2, trad. Romain Sarnel). Donc, ce que l'on appelle généralement bon ou mauvais est dépassé, dans leur opposition, par une mise en mouvement de la potentialité, ce qui a pour résultat la fertilité. Nietzsche définit le bonheur comme la mise en œuvre du potentiel créatif, ce qui précisément rend fertile. Le *Crépuscule des divinités* est un peu comme le testament philosophique de Nietzsche.

Avec cet ouvrage terminé en 1888 et sous-titré *Comment philosopher à coups de marteau*, Nietzsche retrouve le marteau de mosaïste qu'il avait au début. Son marteau lui sert à fendre les divinités que sont les gros concepts menteurs, comme « l'Être », « la Vérité », « la Raison », et à pourfendre les grands philosophes trompeurs, comme Parménide, Socrate, Platon. Sous les concepts fendus que découvre-t-il ? Sous « la Raison », il découvre la pensée en mouvement, l'inconscient, la pulsion, l'affect, l'intuition, la création. Sous « la Vérité », il découvre la véracité en mouvement, les faits qui bougent, les théories qui se fissurent, l'évolution, le déplacement des lignes, le changement de perspectives. Et sous « l'Être » il découvre la réalité en mouvement, le devenir, le flux du temps, la transformation, la métamorphose, le potentiel vivant. Nietzsche fait appel à Héraclite pour qui les réalités se transforment et n'ont de sens qu'en mouvement. De quoi Héraclite est-il le symbole ? De l'opposition de la vie et de la mort et de son dépassement. Rien n'est fixe, tout se transforme, telle est la devise d'Héraclite : « C'est même chose que vie et mort, veille et sommeil, jeunesse et vieillesse : ce sont mutuelles métamorphoses. » (*Fgt* n° 100, trad. Yves Battistini). Par le jeu des transformations, la vie est mort d'autre chose et la mort est vie de nouvelles choses.

Si l'on veut comprendre la démarche de Nietzsche, il est instructif de lire la lettre qu'il envoie à Cosima Wagner le 19 décembre 1876, à l'occasion de son anniversaire, car au détour d'une phrase il livre le secret de sa tournure d'esprit : « Quand on a appris à prendre la vie de haut, la différence entre bonheur et malheur disparaît, et l'on va bien au-delà des “vœux”. » Dans une lettre intime, il est arrivé à expliciter l'intimité de sa pensée.

L'unique problème auquel Nietzsche a été confronté, et qu'il a abordé sous différentes facettes, à travers différentes questions, est le dépassement des oppositions. Nietzsche a forgé le titre *Crépuscule des divinités* (*Götzen-Dämmerung*) en allusion à l'opéra de Wagner intitulé *Crépuscule des dieux* (*Götterdämmerung*). Il est important de souligner la

référence au divin (*Gott*) à l'intérieur du titre, dans la mesure où Nietzsche définit les philosophes comme étant les « sans-Dieu », au regard d'un projet de titre *Nous, les sans-Dieu*.

La surprise du lecteur attentif de Nietzsche est de découvrir que les notions pour lesquelles Nietzsche est connu n'existent quasiment pas dans ses ouvrages ! Par exemple, la notion d'« éternel retour » n'apparaît que tardivement, d'abord *entre guillemets* comme une citation importée, et après *sous une forme soulignée*, et encore dans *Voici l'homme*, ouvrage toiletté par Peter Gast et falsifié par Elisabeth Förster-Nietzsche, qui ne sera publié qu'en 1908. La notion de « surhomme » n'est utilisée que dans un seul ouvrage, à savoir dans le poème *Ainsi parla Zoroastre*, et abandonnée ensuite au vu des malentendus. Et le projet d'ouvrage sur la notion de *Volonté de puissance* a été lui aussi abandonné au profit de la notion finale de « réversibilité des valeurs ».

Nietzsche n'a pas de chance avec les emprunts, car il s'agit d'emprunts faits à des auteurs de confiance, mais dont la pensée n'est pas tout à fait identique à la sienne. La notion d'« éternel retour » est extraite de la conception cyclique du temps et de l'espace, que l'on prête au *De la nature* d'Héraclite. La notion de « surhomme » est extraite de la pièce de théâtre *Faust* de Goethe, où elle n'a pas le caractère d'un personnage. Et la notion de « volonté de puissance » est extraite du Livre V de l'*Éthique* de Spinoza, mais dans lequel elle concerne l'intellect. Ces emprunts n'appartiennent pas à l'originalité de Nietzsche.

S'il y a une originalité de Nietzsche, elle se trouve dans sa théorie des métaboles que sont la véracité, la fécondité et la fertilité, dans sa théorie des métaphores que sont la connaissance et la pensée, et dans sa théorie des métamorphoses que sont la création et la transfiguration. À y regarder de près, dans les ouvrages publiés, le supposé thème du « revenir perpétuel » (souvent traduit par « éternel retour ») ne se manifeste que sous deux formes à peine perceptibles, une forme dans *La Science joyeuse* avec l'expression « le poids le plus lourd » (§ 341), qui est datée de 1882 et qui a plutôt un statut de pari pascalien à l'envers, et une autre forme dans *Voici l'homme* avec l'expression « 1828 mètres d'altitude au-delà de l'état d'homme et de l'époque » (III, 6, § 1, trad. Romain Sarnel), qui est datée de 1881 et qui a plutôt un statut d'élévation.

Dans *Voici l'homme*, c'est le rappel d'un feuillet « griffonné » en août 1881 lors d'une promenade en montagne, à travers les arbres, en contournant le lac de Silvaplana qui se situe à 1790 mètres d'altitude. Aucune de ces deux formes ne parlent explicitement de « retour éternel », mais il s'agit plus exactement de deux métaphores pour exprimer la nécessité d'un dépassement de l'époque actuelle, d'un surpassement de l'homme moderne et d'un surmontement de soi. Il n'y a nul « éternel retour » dans la pensée de Nietzsche. Si ce feuillet griffonné en 1881 en haute montagne près d'un lac est à l'origine de l'écriture du paragraphe 342 de *La Science joyeuse* en 1882 et donc à l'origine de l'écriture d'*Ainsi parla Zoroastre* en 1883, comme le mentionne Nietzsche dans *Voici l'homme*, il y a une similitude de situation entre Zoroastre et Nietzsche, entre un Zoroastre quittant le lac d'Ourmia près des monts Zagros pour descendre vers le peuple perse et un Nietzsche quittant le lac de Silvaplana dans la montagne de Sils Maria pour s'immerger en direction de la population européenne.

Tous les soi-disant « concepts fondamentaux » sous lesquels Nietzsche a été perçu tout au long du XXe siècle sont des emprunts : « l'éternel retour » est prétendument emprunté à Héraclite mais plus certainement aux stoïciens, « le surhomme » est directement emprunté à Goethe, « la volonté de puissance » est dérivativement empruntée à Schopenhauer et à Spinoza, le « Dieu est mort » est culturellement emprunté à Plutarque et au poète Heinrich Heine, « l'inversion des valeurs » est poétiquement empruntée à Baudelaire, l'*amor fati* est conjoncturellement emprunté au stoïcien Marc Aurèle, « le nihilisme » est emprunté aux romantiques allemands Jacobi et Jean Paul, et « la décadence » est sans traduction empruntée au moraliste français Paul Bourget. Et au final, nous nous retrouvons face à un Nietzsche qui n'existe pas.

Nietzsche a bien d'autres ressources que ces emprunts qui en définitive cachent sa pensée. Le système de Nietzsche, qu'il nomme lui-même le

« perspectivisme », apporte des ouvertures de vue, des inventions de pensée et des chemins de traverse. Ce système perspectiviste révèle le caractère novateur de Nietzsche en matière de philosophie. Le perspectivisme nietzschéen est l'une des grandes innovations philosophiques de l'histoire des idées. Qu'est-ce que le perspectivisme sinon une façon de voir les choses en fonction des devenirs, des mouvements et des transformations ? C'est pourquoi la méthode de la mosaïque correspond parfaitement à la pensée de Nietzsche, qui est une pensée sans cesse en transformation.

Le perspectivisme de Nietzsche c'est un dynamisme de la pensée en correspondance avec le dynamisme de la réalité. Ce que Nietzsche découvre c'est que les valeurs sont elles-mêmes des perspectives, et non des entités. Les valeurs sont des vecteurs, des vecteurs d'action. Or, les vecteurs changent de direction, ils se retournent. Ainsi, existe-t-il des périodes de retournement. Nietzsche considère le christianisme comme une période de retournement des valeurs de vie en valeurs de mort au nom de la culpabilité et le platonisme comme une période de retournement des valeurs de mouvement en valeurs de fixité au nom de la vérité immuable. Avec son principe de la « réversibilité de toute valeur », Nietzsche se donne pour tâche de retourner ce qui a été retourné et de redonner droit de cité à la vie et au mouvement. L'équilibre instable de la réversibilité des valeurs fait que rien n'est arrêté une fois pour toutes, que tout est à rejouer chaque jour, à chaque instant. La lutte contre le négatif et sa transmutation en positif sont continuelles.

Le mythique « éternel retour » est en fait un perpétuel retournement des forces en présence. En quatre questions, dans son poème « Réversibilité », extrait des *Fleurs du mal*, Baudelaire montre l'envers du décor des valeurs : « Ange plein de gaieté, connaissez-vous l'angoisse ? », « Ange plein de bonté, connaissez-vous la haine ? », « Ange plein de santé, connaissez-vous les Fièvres ? » et « Ange plein de beauté, connaissez-vous les rides ? » (XLIV). Puis il dépasse l'avers et le revers par une affirmation flamboyante : « Ange plein de bonheur, de joie et de lumières ! » Pourquoi ? Parce que le bonheur, la joie et la lumière sont des vecteurs qui ont pour fonction de surmonter les valeurs contraires, et qui marquent ce que Nietzsche appelle le « Grand Midi », c'est-à-dire le moment où la lumière est la plus haute et l'ombre la plus réduite. À vrai dire, c'est le moment où l'on nage en pleine lumière, en pleine joie et en plein bonheur.

Le vivant et le mortifère deviennent les critères de validité pour la philosophie nouvelle que Nietzsche cherche à construire. Dans *Crépuscule des divinités,* Nietzsche est fort clair sur son principe de réversibilité ; du point de vue fécond, nous avons une assimilation de la vie à la nature : « Tout naturalisme en morale, c'est-à-dire toute morale *saine* est dominée par un instinct de la vie », et à l'inverse, dans le camp adverse, nous avons une exclusion de la vie et de la nature : « La morale *contre* nature, c'est-à-dire presque toute morale enseignée, honorée, prêchée jusqu'à ce jour, va bien au contraire *contre* les instincts de la vie » (V, § 4).

En cela, Nietzsche se rapproche d'Héraclite pour qui *bios* et *physis,* la vie et la nature, marchent de concert. Nietzsche cherche à ce que la vie soit la plus fertile possible. C'est le sens qu'il donne à sa démarche dans *Crépuscule des divinités* : « Tant que la vie suit

une courbe *ascendante*, bonheur égale instinct » (II, § 11). Le mouvement ascendant spontané est d'une grande fertilité. La réversibilité de toute valeur se caractérise par la transformation de la mort en la vie, par la transformation du mortifère en vivant. Dans un « Avant-propos » de sa *Réversibilité de toute valeur*, écrit le 3 septembre 1888, Nietzsche constate : « Le spectacle de ce qui est vivant *réconforte*. » Le critère du perspectivisme est celui de la vie. Toute perspective mortifère doit être retournée en perspective vivante.

Pour résoudre la question de la vie et de la mort, Nietzsche utilise le principe de réversibilité. L'énergie de vie se transforme en énergie de mort quand elle se dégrade. À partir de la notion de réversibilité mise en lumière par Baudelaire, Nietzsche découvre que la pulsion de vie peut se transmuer en pulsion de mort et que la pulsion de mort peut se transmuer en pulsion de vie, et donc qu'il s'agit d'une seule et même énergie diversement orientée en positif ou en négatif. C'est le oui à la vie qui ouvre à l'être humain des potentialités fertiles.

Comment Nietzsche définit-il le vecteur du fertile ? Ainsi : « La philosophie doit tenir ferme *le courant spirituel* à travers les siècles : par là l'éternelle fertilité de tout ce qui est grand » (*L. ph.*, § 34). Pour Nietzsche, la fertilité s'inscrit dans un courant de spiritualisation qui tire les choses vers le haut. Ce qui est fertile allie grandeur d'âme et hauteur de vue. C'est dans le *Crépuscule des divinités*, au chapitre « Digressions d'un intemporel », que Nietzsche résume le mieux sa perspective de la fertilité, d'abord sous la forme d'une « psychologie de l'artiste » qu'il nomme l'« idéalisation », laquelle consiste à mettre « *en relief* les traits principaux » (§ 8), et ensuite sous la forme d'une « potentialité » en perfectionnement qui se nomme la transfiguration, laquelle consiste « à tout transfigurer, à tout rendre parfait » (§ 9). À l'idéalisation et à la transfiguration, s'ajoute une troisième caractéristique de la fertilité, à savoir le « pouvoir de vision » dû au stade apollinien, pour lequel « le peintre, le sculpteur, le poète épique sont des visionnaires *par excellence* » (§ 10). La quatrième caractéristique de la fertilité est l'« aisance de la métamorphose » due au stade dionysien, pour lequel « l'acteur, le mime, le danseur, le musicien, le poète lyrique » sont des métamorphoseurs par excellence, au sens où, concernant chacun, « il ne cesse de se métamorphoser » (§ 10 et 11). Ainsi, idéalisation et transfiguration, vision et métamorphose forment-elles le champ d'action de la fertilité. Le but du psychologue, selon Nietzsche, est de rendre l'esprit fertile. La fertilité devient le vecteur qui permet de dépasser l'opposition bon et mauvais.

Tout au long de son œuvre Nietzsche se situe au niveau de l'esprit. Il relie le tragique à l'élévation de l'« esprit », il associe le sublime à l'« esprit de la musique », il raccorde le vérace à l'« esprit libre », il fait correspondre le fécond avec les « métamorphoses de l'esprit » et il rattache le fertile à la « spiritualisation ». Toutes ses batailles sont des batailles de l'esprit, des polémiques de culture, des enjeux de création. Et même son *Übermensch* repris à Goethe est un *Übergeist*, ce qui signifie que son méta-homme est un méta-esprit, c'est-à-dire un esprit métamorphosé, un esprit créatif. À ce titre, Nietzsche est l'inventeur d'une métapsychologie.

La référence à Goethe est le fil conducteur des derniers ouvrages de Nietzsche : « Goethe est le dernier en date des Allemands pour qui j'éprouve du respect », avoue-t-il dans le *Crépuscule des divinités*. Nietzsche voit en Goethe l'annonce d'une nouvelle philosophie de la nature comme naissance et de la vie comme vitalité : « *Goethe*. Un événement non pour l'Allemagne, mais pour l'Europe » (IX, § 49). De quoi Goethe est-il l'événement ? D'« un retour à la nature, *se haussant* jusqu'au naturel de la Renaissance » et d'une revendication de « la vie » envisagée sous l'angle de la générosité : « Il ne se détacha pas de la vie, mais s'installa au beau milieu. »

La nature en transformation et la vie en mouvement forment une globalité : « Il combattait le divorce entre raison, sens, sentiments, volonté, il s'éduqua à devenir complet, il se *créa*. » Cette « tolérance », cet « esprit *affranchi* », cette « *conviction* profonde » que « tout sera sauvé et réconcilié » dans la globalité, ce oui à la vie, reçoivent une appellation de la part de Nietzsche : « Une telle foi est la plus haute de toutes les fois possibles : je l'ai baptisée du nom de *Dionysos*. » C'est pourquoi la figure de Dionysos devient celle du philosophe par excellence.

Ce que propose Nietzsche, c'est une leçon de vie : transformer le négatif en positif, transformer les énergies mortifères en énergies vitales. La lutte du vivant contre le mortifère apporte un terreau fertile à l'existence. Déjà en 1882, dans *La Science joyeuse*, Nietzsche répondait à la question « Que signifie vivre ? » de façon prémonitoire : « Vivre – cela veut dire : rejeter sans cesse loin de soi quelque chose qui tend à mourir » (§ 26). Déjà à cette date Nietzsche commençait à prévoir la perspective du fertile.

Ce que Nietzsche a découvert, et Freud après lui, et Empédocle avant eux, c'est qu'il n'y a qu'une seule énergie en l'être humain, que cette énergie est vectorisée, et donc qu'elle peut se tourner en énergie positive ou se retourner en énergie négative. D'une certaine manière, Zoroastre ne disait pas autre chose. Toujours est-il que le grand mérite de Nietzsche est d'avoir mis cette découverte en lumière. Quand Nietzsche énonce « M'a-t-on compris ? *Dionysos contre le Crucifié* » il faut comprendre la vie contre la mort, la pulsion de vie contre la pulsion de mort. Si Nietzsche reprend Dionysos, au point d'en faire un *Dionysos philosophos*, c'est que Dionysos correspond à l'énergie, or Nietzsche a besoin d'une énergie pour construire sa philosophie, car c'est l'énergie qui met en perspective.

Avec la lettre du 26 novembre 1888, adressée à Paul Deussen, Nietzsche fait une révélation fracassante, il lui annonce en effet que sa « réversibilité des valeurs est achevée avec *L'Anti-Christ* ». Que pouvons-nous en déduire ? Que nous possédons l'œuvre complète du philosophe Friedrich Nietzsche, que son système philosophique est achevé, et qu'en l'état actuel des *Fragments posthumes* il n'y a pas d'ouvrage caché.

En quoi consiste le système philosophique de Nietzsche ? En un perspectivisme transdisciplinaire.

Et qu'est-ce que le perspectivisme ? Une philosophie du devenir, du mouvement, de la transformation, de la métamorphose, de la vie, de la joie et de la création. Une philosophie du fertile, du fécond, du vérace, du sublime et aussi du tragique. Une philosophie de l'esprit affranchi, de la créativité généreuse, de la poésie intuitive, de l'art grandiose et aussi de la musique élévatoire.

Nietzsche est un anti-Parménide.

BIBLIOGRAPHIE

A. Œuvres de Nietzsche, Paris, Gallimard :

I. *La Philosophie à l'époque tragique des Grecs*, suivi de *Sur l'avenir de nos établissements d'enseignement*, *Cinq préfaces à cinq livres qui n'ont pas été écrits* et de *Vérité et Mensonge au sens extra-moral*, trad. Jean-Louis Backès, Michel Haar et Marc de Launay, Giorgio Colli et Mazzino Montinari (éd.), coll. « Folio essais » (n° 140), 1990 [1975].

II. *La Naissance de la tragédie, ou Hellénité et Pessimisme*, textes, fragments et variantes établis par G. Colli et M. Montinari, trad. Michel Haar, Philippe Lacoue-Labarthe et Jean-Luc Nancy, coll. « Folio essais » (n° 32), 2004 [1977].

III. *Considérations inactuelles*, I : *David Strauss, l'apôtre et l'écrivain*, et II : *De l'utilité et des inconvénients de l'histoire pour la vie*, trad. Pierre Rusch, Giorgio Colli et Mazzino Montinari (éd.), coll. « Folio essais » (n° 191), 1992 [1990].

IV. *Considérations inactuelles*, III : *Schopenhauer éducateur*, et IV : *Richard Wagner à Bayreuth*, trad.

Cornélius Heim, Henri-Alexis Baatsch, Jean-Luc Nancy, Pascal David et Philippe Lacoue-Labarthe, Giorgio Colli et Mazzino Montinari (éd.), coll. « Folio essais » (n° 206), 1992 [1990].

V. *Humain, trop humain : Un livre pour esprits libres*, tomes I et II, trad. Robert Rovini, Giorgio Colli et Mazzino Montinari (éd.) [1968], édition revue par Marc de Launay, coll. « Folio essais » (n° 77 et n° 78.), 1987.

VI. *Aurore. Pensées sur les préjugés moraux*, trad. Julien Hervier, Giorgio Colli et Mazzino Montinari (éd.), préface de Julien Hervier, coll. « Folio essais » (n° 119), 1989 [coll. « Idées », 1974].

VII. *Le Gai Savoir* [*La Gaya Scienza*], trad. Pierre Klossowski, Giorgio Colli et Mazzino Montinari (éd.), 1985 [1956], édition revue, corrigée et augmentée par Marc de Launay, coll. « Folio essais » (n° 17), 1989.

VIII. *Ainsi parlait Zarathoustra. Un livre pour tous et pour personne*, trad. Maurice de Gandillac, Giorgio Colli et Mazzino Montinari (éd.), coll. « Idées »1972, nouvelle éd. coll. « Folio essais » (n° 8), 1985.

IX. *Par-delà bien et mal. Prélude d'une philosophie de l'avenir*, trad. Cornélius Heim, Giorgio Colli et Mazzino Montinari (éd.), coll. « Folio essais » (n° 70), 1987 [1975].

X. *La Généalogie de la morale : Un écrit polémique*, trad. Isabelle Hildenbrand et Jean Gratien, Giorgio Colli et Mazzino Montinari (éd.), 1971, nouvelle éd. coll. « Folio essais » (n° 16), 1987 [1966].

XI. *L'Antéchrist : Imprécation contre le christianisme*, trad. Jean-Claude Hémery, Giorgio Colli et Mazzino Montinari (éd.), coll. « Idées », 1978.

XII. *Crépuscule des idoles ou Comment philosopher à coups de marteau*, trad. Jean-Claude Hémery, Giogio Colli et Mazzino Montinari (éd.), coll. « Idées », 1977, réédition « Folio essais » (n° 88) 1988.

XIII. *Le Cas Wagner, un problème pour musiciens* [1888], suivi de *Nietzsche contre Wagner, dossier d'un psychologue* [1888], trad. Jean-Claude Hémery, *Œuvres philosophiques complètes*, Giorgio Colli et Mazzino Montinari (éd.), vol. VIII, 1974.

XIV. *Ecce Homo. Comment on devient ce que l'on est*, trad. Jean-Claude Hémery, coll. « Idées », 1978 [1974].

B. Autres traductions :

I. *Le Livre du philosophe*, suivi de *Vérité et Mensonge au sens extra-moral*, trad. Angèle Kremer-Marietti, Paris, Aubier-Flammarion, coll. « GF/Flammarion », 1969.

II. *Vérité et Mensonge au sens extra-moral*, trad. Nils Gascuel, lecture de François Warin et Philippe Cardinali, Arles, Actes Sud, coll. « Babel », 1997.

III. *Sur Démocrite (Fragments inédits)*, trad. Philippe Ducat, Paris, Éditions Métailié, 1990.

IV. *Ainsi parlait Zarathoustra. Un livre pour tous et pour personne*, trad. Georges-Arthur Goldschmidt, Paris, Le Livre de Poche, coll. « Classiques de la philosophie », 1983 ; réédition en version illustrée, Paris, Max Milo, coll. « L'inconnu », 2006.

V. *Prologue de Zoroastre*, trad. Romain Sarnel, Paris, L'Arche Éditeur, coll. « Tête-à-tête », 2000.

VI. *Lettres choisies*, trad. Henri-Alexis Baatsch, Jean Bréjoux, Maurice de Gandillac et Marc de Launay, édition de Marc de Launay, textes établis par Giorgio Colli et Mazinno Montinari, Paris, Gallimard, coll. « Folio classique » (n° 4791), 2008.

VII. *Poèmes (1858-1888) – Fragments poétiques*, suivi de *Dithyrambes pour Dionysos*, trad. Michel Haar, présentation du traducteur, Paris, Gallimard, coll. « Poésie/ Gallimard » (n° 311), 1997.

VIII. *Premiers écrits*, trad. Jean-Louis Backès, Paris, Le Cherche Midi Éditeur, coll. « Amor fati », 1994, réédition Paris, Le Livre de Poche, coll. « Les Classiques de Poche », 2002.

IX. *Écrits autobiographiques*, trad. et notes de Marc Crépon, Paris, PUF, 1994, réédition avec préface, notes et annexes de Yannick Souladié, Paris, Éditions Manucius, coll. « Le marteau sans maître », 2011.

Table des matières

Composition :
L’atelier des glyphes

www.ingramcontent.com/pod-product-compliance
Lightning Source LLC
LaVergne TN
LVHW012349220826
846091LV00016B/4180

* 9 7 8 2 3 1 5 0 0 3 7 7 8 *